핵심 콕!
국어 교과서 어휘

중학교 국어 교과서 핵심 어휘 미리 보기

핵심 콕!
국어 교과서 어휘

김혜영 글 | 시미씨 그림

그린북

중학교 공부,
겁내지 말고 교과서 필수 어휘부터
내 것으로 만들어요!

중학교 입학을 앞둔 초등학생, 또는 이제 막 학교 문턱을 밟은 중학생 여러분!
혹시 공부가 갑자기 어려워질까 봐 겁이 나나요?
실제로 중학교에서 배우는 어휘는 초등학교와 비교할 수 없을 정도로 많아요.
어휘를 알아야 문장의 의미를 알고 전체 글의 내용을 파악할 수 있지요.
공부의 기본은 바로 어휘를 잘 아는 것이에요.
이 책은 중학교 국어 교과서에 나오는 필수 어휘를 재미있는 만화와
문장 활용을 통해 익힐 수 있도록 구성했어요. 이 책과 함께 교과서 어휘를
미리 내 것으로 만들어 보아요!

이 책의 구성을 핵심만 콕 집어 알려 줄게요!

- 제목에는 핵심 단어가 포함되어 있어 내용을 짐작할 수 있어요.
- 핵심 단어가 일상에서 어떻게 쓰이는지 알 수 있어요.
- 어떤 핵심 단어를 배울지 알 수 있어요.

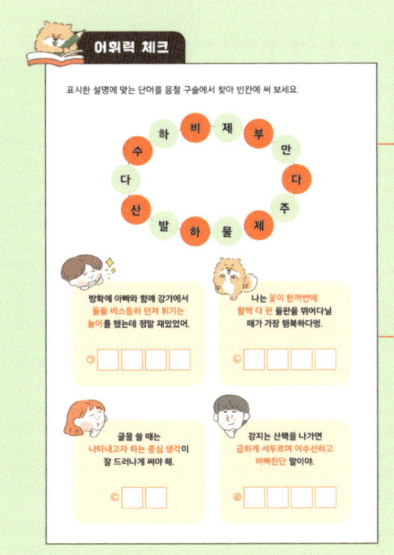

- 핵심 단어의 뜻을 알기 쉽게 풀이했어요.
- 핵심 단어를 활용한 예문을 읽으면서 문해력을 길러요.
- 국어 교과에 도움이 되는 주요 개념을 익혀요.
- 보조 단어도 함께 익히면서 어휘력을 길러요.
- 앞에서 익힌 어휘를 확인하며 내 것으로 만들어요.
- 초성 퀴즈, 단어 쓰기, 길 찾기, 가로세로 낱말 풀이 등 다양한 문제로 구성되어 있어요.

재미있게 구성이 되어 있군!

차례

1장 시 문학

- 이상적인 선생님 • 12
- 슬픔 어린 시 • 16
- 생기가 사라지다! • 20
- 부산한 봄날 산책 • 24
- 햇비에 담긴 함축 • 28
- 독서에 골똘하는 중 • 32
- 시어의 매력 • 36
- 진눈깨비 내리는 날 • 40
- 여운이 있는 시 • 44
- 생동감이 넘쳐! • 48

2장 소설 문학

- 눈물 나는 허구 이야기 • 54
- 멋진 영웅의 일대기 • 58
- 권력 풍자가 훌륭해! • 62
- 진창 같은 마음 • 66
- 날품팔이, 부자가 되다 • 70
- 수상한 복선? • 74
- 설화냐, 실화냐 • 78
- 낙향을 꿈꾸며 • 82
- 적막한 요리 교실 • 86
- 서술자는 누구? • 90

3장 정보 전달하는 글·주장하는 글

신념보다 간식 • 96
탐색왕 이안 • 100
성적 저하는 비밀 • 104
심사숙고하며 살자 • 108
실력 신장 비결은 연습! • 112
갈매기의 거시적 안목 • 116
급식 메뉴 유추하기 • 120
병행은 힘들어 • 124

탁월한 선택이야 • 128
강압은 싫어 • 132

4장 문법·말하기와 쓰기

맥락이 중요해 • 138
끼리끼리 묶은 품사 • 142
강지의 준언어 수업 • 146
공감하는 사이 • 150
발음 순화가 필요해 • 154
이상한 전개 • 158
의사소통은 어려워 • 162
음운은 기본이지! • 166

외래어는 그만 • 170
확실한 협상 카드 • 174

5장 관용 표현

손에 땀을 쥐는 이야기 • 180
파김치가 되다 • 184
소탐대실의 결과 • 188
콧등이 시큰 • 192
화룡점정만 남았어 • 196
엉덩이가 근질근질 • 200
손발이 맞아야지 • 204
반포지효 하는 강아지 • 208

사면초가에 빠지다 • 212
침이 마르도록 칭찬해 • 216

어휘력 체크 해답 • 220

술술 읽기만 해도 단어 뜻을 다 알 것 같아!

등장 인물

이안
과학과 운동을 좋아하고 상상력이 풍부한 엉뚱 소년. 한별과 이란성 쌍둥이.

한별
시와 소설을 좋아하고 감수성이 풍부한 문학 소녀. 이안과 이란성 쌍둥이.

문학남
아이들과 동물을 사랑하는 다정다감한 선생님. 한별과 이안의 담임선생님.

강지
문학남 선생님의 강아지. 먹는 것에 예민하지만 사람을 좋아하고 애교가 많은 포메라니안.

1장

역설	심상
말갛다	시어
앳되다	성찰
이상적	진눈깨비
유년	온기
어리다	아슴푸레
북망산천	새삼
시적 화자	수미상관
움막	운율
허기지다	여운
내	기승전결
생기	서정
지천	서사
흐드러지다	생동감
부산하다	의인화
정서	
원관념	
비유	
상징	
함축	
결실	
여울	
찰박거리다	
골똘하다	
형상화	

시 문학

역설

겉으로는 말이 되지 않는 모순된 표현이지만 잘 음미해 보면 그 속에 진실을 담고 있는 표현 방법을 말해요. '찬란한 슬픔의 봄', '결별이 이룩하는 축복' 등의 시구는 역설법의 대표적인 예라고 할 수 있어요.

'강철로 된 무지개'라는 구절은 참 멋진 역설적 표현인 것 같아.

모순 두 사실이 앞뒤가 어긋나서 서로 맞지 않음.
음미하다 사물의 내용이나 속뜻을 깊이 새기고 감상하다.

모순(矛盾) 창과 방패라는 뜻이에요. 중국 초나라의 상인이 창과 방패를 팔면서, "이 창은 어떤 방패로도 막지 못하는 창이고, 이 방패는 어떤 창으로도 뚫지 못하는 방패입니다."라고 했대요. 동시에 성립할 수 없는 말을 하고 있는 것이지요. 모순은 여기에서 생겨난 말이에요.

말갛다

산뜻하고 맑고 깨끗한 것을 말해요. 눈이 맑고 생기가 있다, 정신이 분명하고 또렷하다, 액체가 진하지 않고 매우 맑다는 뜻으로도 쓰여요.

아빠는 말간 얼굴로 환하게 웃는 나를 보면 모든 근심이 사라지신대.

산뜻하다 기분이나 모습이 깨끗하고 시원하다.
근심 걱정되는 일 때문에 속을 태우거나 우울해함.

앳되다

애티가 있다는 뜻으로 나이에 비하여 어려 보이는 것을 말해요. '애띠다'로 잘못 쓰는 경우가 많은데, 애띠다는 앳되다의 충청도 방언이에요.

> 앳돼 보인다는 말에 행복한 표정이 역력한 엄마.

방언 어떤 지방이나 지역에서만 쓰이는, 표준어가 아닌 말.
역력하다 훤히 알 수 있게 분명하고 또렷하다.

이상적

생각할 수 있는 범위 안에서 가장 완전하다고 여겨지는 상태를 말해요. 비슷한 뜻을 가진 말로 '꿈', '최선' 등이 있고, 반대의 뜻을 가진 말은 '현실적'이에요.

> 완벽하고 평화로운 이상적 세계를 유토피아라고 한다.

범위 일정하게 정해진 영역. 어떤 힘이 미치는 한계.
완벽하다 흠이 없는 구슬이라는 뜻으로, 부족함이 없이 완전하다.

유토피아(Utopia) 유토피아는 '어느 곳에도 없는 장소'라는 뜻으로, 16세기에 영국의 작가 토머스 모어가 지은 《유토피아》라는 공상 사회 소설에 나오는 말이에요. 소설에서 유토피아는 이상적인 정치 체제와 경제 체제, 교육과 종교의 자유가 완벽하게 갖추어진 가상의 국가예요.

어휘력 체크

뜻풀이에 알맞은 단어를 쓰고, 아래 동그라미에 순서대로 글자를 써서 문장을 완성하세요.

송 말갛다	미 역설	이 근심	거 앳되다
루 방언	즐 모순	보 범위	하 음미하다
민 산뜻하다	운 이상적		

㉠ 두 사실이 앞뒤가 어긋나서 서로 맞지 않음

㉡ 나이에 비하여 어려 보인다

㉢ 가장 완전하다고 여겨지는 상태

㉣ 사물의 내용이나 속뜻을 깊이 새기고 감상하다

㉤ 어떤 지방이나 지역에서만 쓰이는, 표준어가 아닌 말

정답 ◯ ◯ ◯ ◯ ◯

유년

어린 나이나 때, 또는 어린아이를 말해요. 정신이나 육체가 크게 발달하는 단계의 하나로, 일반적으로 유치원 교육과 초등학교 저학년 교육을 받는 나이의 어린이를 의미해요.

> 아련한 유년의 기억에 노인의 눈시울이 붉어졌다.

아련하다 또렷하거나 분명하지 않고 희미하다.
눈시울 눈언저리의 속눈썹이 난 곳.

어리다

어떤 현상이나 기운, 추억 등이 배어 있거나 은근히 드러나는 것을 말해요. 빛이나 그림자, 모습 등이 희미하게 비치는 것을 말하기도 해요.

> 주인을 기다리는 유기견의 시선에는 슬픔이 어려 있다.

배다 느낌, 생각 등이 깊이 느껴지거나 오래 남아 있다.
시선 눈이 가는 방향. 어떤 대상에 대한 주의와 관심.

북망산천

사람이 죽어서 묻히는 곳을 말해요. '북망산'이라고도 하는데, 옛날 중국의 북망산에 제왕(帝王)이나 명사(名士)들의 무덤이 많았다는 데서 온 말이라고 해요.

> 할아버지 **북망산천** 가시는 길, 비마저 슬프게 내린다.

제왕 황제와 국왕을 아울러 이르는 말.
명사 세상에 이름이 널리 알려진 사람.

시적 화자

시 속에서 말하는 이를 말해요. 시적 화자는 시인 자신일 때도 있지만 시인이 자신과 별개의 인물로 설정하는 경우가 많아요. 예를 들어 시인은 성인 남성인데 시적 화자는 어린이나 여성으로 설정하기도 하지요.

> 이육사 시의 **시적 화자**는 강인한 목소리의 남성인 경우가 많다.

별개 연관성이 없이 서로 다른 것.
설정하다 용도나 역할 등을 정하다.

시적 화자 시적 화자에 따라 시의 분위기와 전달력 등이 달라져요. 일반적으로 어린아이를 화자로 설정하면 순수한 분위기가, 여성을 화자로 설정하면 섬세하고 부드러운 분위기가, 남성을 화자로 설정하면 강인하고 의지적인 분위기가 느껴진답니다.

어휘력 체크

뜻풀이에 알맞은 단어를 골라 미로를 빠져나가 보세요.

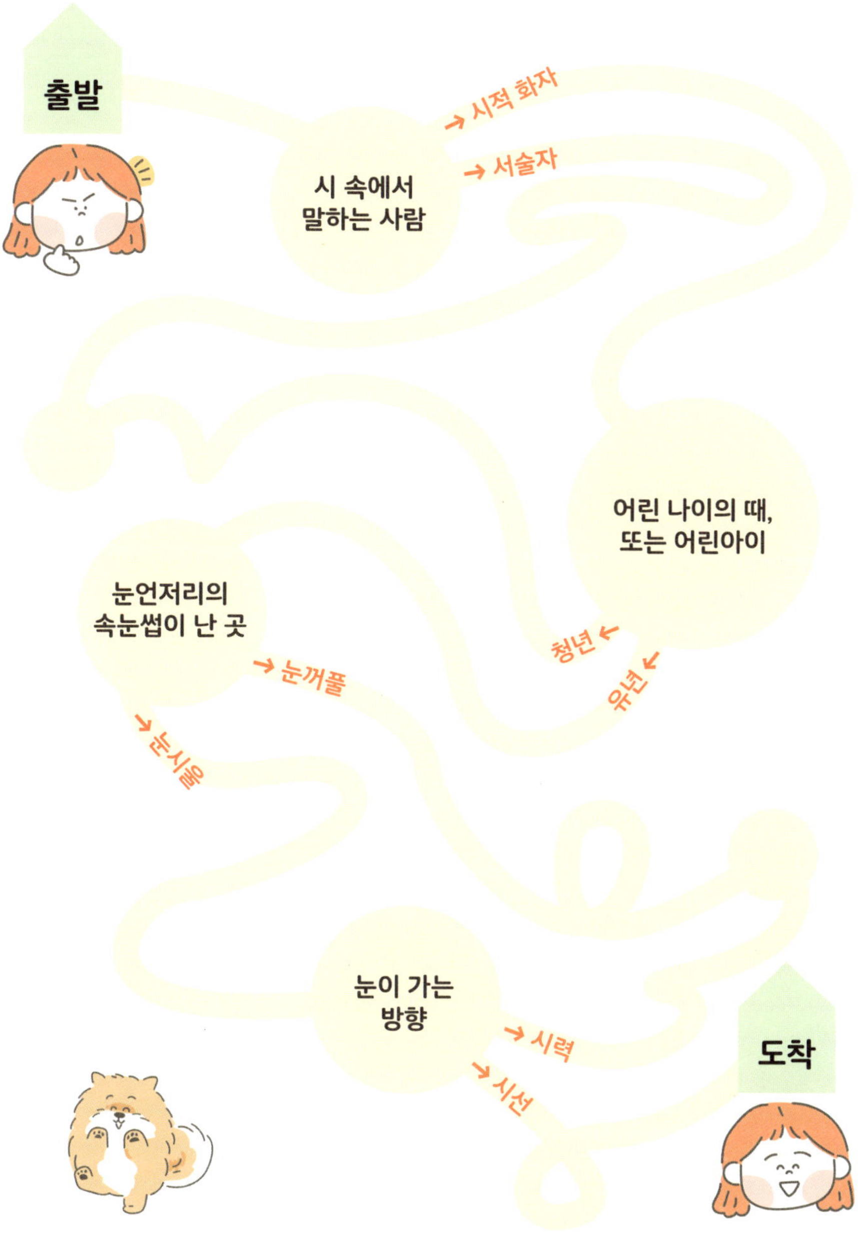

출발

- 시 속에서 말하는 사람
  → 시적 화자
  → 서술자

- 어린 나이의 때, 또는 어린아이
  ← 청년
  ← 유년

- 눈언저리의 속눈썹이 난 곳
  → 눈꺼풀
  → 눈시울

- 눈이 가는 방향
  → 시력
  → 시선

도착

19

움막

땅을 파고 그 위에 거적을 얹고 흙을 덮어 추위나 비바람만 가릴 정도로 임시로 지은 집을 말해요. '움막집', '토막집'이라고도 해요.

> 전쟁 중에는 **움막**이나 천막에 사는 **피란민**이 많았다.

거적 짚을 두툼하게 엮어서 자리처럼 만든 물건. '자리'는 앉거나 누울 수 있도록 바닥에 까는 물건.
피란민 난리를 피해 다른 곳으로 떠나는 사람들.

 피란과 피난 피란(避亂)은 전쟁과 같이 인간에 의해 생겨난 난리를 피해 다른 곳으로 간다는 뜻이고, 피난(避難)은 지진·태풍·홍수·가뭄처럼 자연적인 재해를 피해 다른 곳으로 간다는 뜻이에요.

허기지다

몹시 굶어 몸의 기운이 빠지는 것을 말해요. 무엇을 간절히 바라거나 탐내는 마음이 생긴다는 뜻으로도 쓰여요. 비슷한 뜻을 가진 말로 '주리다', '쓰리다', '배곯다' 등이 있어요.

> 성장기에는 밥을 **고봉**으로 먹어도 금방 **허기지고는** 한다.

기운 살아 움직이는 힘. 눈에는 보이지 않으나 분위기 등으로 알 수 있는 어떤 느낌.
고봉 곡식이나 밥을 그릇에 담을 때 수북이 가득 담는 것.

내

시내보다는 크고 강보다는 작은 물줄기를 말해요. 비슷한 뜻을 가진 말로는 '개천', '개울' 등이 있어요.

산을 넘고 내를 건너 정처 없이 떠도는 나그네

시내 골짜기나 평지에서 흐르는 자그마한 물줄기.
나그네 자기 고장을 떠나 다른 곳에 임시로 머무르고 있거나 여행 중에 있는 사람.

생기

생생한 기운, 활발하고 싱싱하고 힘찬 기운을 말해요. 비슷한 뜻을 가진 말로 '활기', '활력' 등이 있어요.

이른 아침, 이슬을 머금은 초목들이 생기 있어 보여요.

머금다 나무나 풀 등이 빗물이나 이슬 같은 물기를 지니다.
초목 풀과 나무.

어휘력 체크

기사를 읽고 빈칸에 들어갈 알맞은 단어를 음절 상자에서 찾아 묶고 써 보세요.

목숨을 건 탈출 행렬 이어지다

탈레반을 피해 아프가니스탄을 떠나는 ㉠ [ㅍ][ㄹ][ㅁ] 의 행렬이 계속되고 있습니다. 해외로 탈출하고자 하는 사람들이 한꺼번에 카불 공항으로 모여들며 사상자가 속출하고 있습니다. 현지 언론은 탈레반에 대한 극심한 공포와 며칠째 먹지 못해 허기진 사람들의 ㉡ [ㅅ][ㄱ] 잃은 얼굴을 연일 보도하며 국제 사회가 관심을 가져 줄 것을 호소하고 있습니다. 고통 속의 아프가니스탄 국민들이 ㉢ [ㄱ][ㅇ] 을 낼 수 있도록, 국제 사회의 도움이 절실한 때입니다.

목	질	별	남	어	중
아	출	피	문	물	장
포	니	란	들	안	줄
기	반	민	공	생	기
나	운	칠	살	창	명
해	허	가	진	호	론

정답 ㉠ _____ ㉡ _____ ㉢ _____

지천

아주 흔함을 말해요. 한자 뜻을 그대로 해석하면 '지극히 천하다'는 뜻인데, 너무 많아서 귀하지 않게 느껴진다는 거예요. 주로 '지천으로'라는 꼴로 쓰여요.

> 들꽃이 지천인 개울가에서 물수제비 놀이를 했다.

흔하다 보통보다 더 자주 있거나 일어나서 쉽게 접할 수 있다.
물수제비 물결이 잔잔한 곳에서 돌을 비스듬히 던져 튀기는 놀이.

흐드러지다

꽃이 한창 만발하여 매우 탐스러운 것을 말해요. 어떤 행동이 매우 흐뭇하고 넉넉하다는 뜻으로도 쓰여요. 비슷한 뜻을 가진 말로 '난만하다', '탐스럽다' 등이 있어요.

> 여름이면 우리 집 담장에는 능소화가 흐드러지게 꽃을 피운다.

만발하다 꽃이 한꺼번에 활짝 다 피다.
탐스럽다 마음이 끌리도록 보기에 좋은 데가 있다.

부산하다

급하게 서둘러 어수선하고 바쁜 것을 말해요. 어떤 장소가 많은 사람들로 시끄럽고 떠들썩한 것을 말하기도 해요. 비슷한 뜻을 가진 말로 '바쁘다', '어수선하다', '떠들썩하다', '분주하다' 등이 있어요.

> 수돌이는 한시도 가만있지 않고 온 집을 부산하게 돌아다닌다.

어수선하다 사물이 얽히고 뒤섞여 마구 헝클어져 있다. 마음이나 분위기가 차분하게 안정되지 못하고 뒤숭숭하다.
한시 잠깐 동안.

정서

사람의 마음에 일어나는 여러 가지 감정을 말해요. 감정을 일으키는 기분이나 분위기를 뜻하기도 해요.

> 화자의 정서와 태도를 통해 시의 주제를 파악할 수 있다.

태도 어떤 일이나 상황을 대하는 마음가짐이나 그것에 대해 취하는 입장.
주제 글쓴이가 나타내고자 하는 중심 생각.

정서(情緖)와 비슷한 말

감정(感情) 어떤 일이나 현상, 사물에 대하여 느끼는 심정이나 기분.
정감(情感) 사람의 마음에 호소해 오는 듯한 느낌.
정조(情調) 어떤 사물에서 풍기는 독특한 분위기나 정취.

어휘력 체크

표시한 설명에 맞는 단어를 음절 구슬에서 찾아 빈칸에 써 보세요.

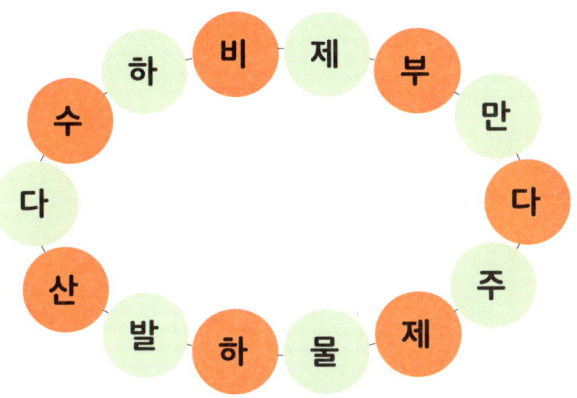

방학에 아빠와 함께 강가에서 **돌을 비스듬히 던져 튀기는 놀이**를 했는데 정말 재밌었어.

㉠ ☐☐☐☐

나는 **꽃이 한꺼번에 활짝 다 핀** 들판을 뛰어다닐 때가 가장 행복하다멍.

㉡ ☐☐☐☐

글을 쓸 때는 **나타내고자 하는 중심 생각**이 잘 드러나게 써야 해.

㉢ ☐☐

강지는 산책을 나가면 **급하게 서두르며 어수선하고 바빠진단** 말이야.

㉣ ☐☐☐☐

햇비에 담긴 함축

○○월 ××일 △요일

담임 선생님께서 윤동주 시인의 〈햇비〉라는 시를 소개해 주셨다.

햇비는 여우비의 사투리라고 한다.

시를 읽으니 햇비를 맞으며 즐거워하는 아이들의 모습이 그려졌다.

시는 참 멋지고 재미있는 문학인 것 같다.

원관념을 직접 말하지 않고 비유와 상징을 통해

간접적으로 드러내는 것이 멋지고,

시어에 숨은 다양한 함축을 찾아내는 것이 재미있다.

나도 윤동주 시인처럼 재미있는 비유와

함축을 담은 멋진 시를 쓰고 싶다.

핵심단어: 원관념 | 비유 | 상징 | 함축

원관념

비유를 할 때 표현하고자 하는 실제의 대상이나 의미를 말해요. 예를 들어 '별처럼 까만 눈동자'라는 비유에서는 실제로 표현하려고 한 대상인 '눈동자'가 원관념이에요.

'손님처럼 찾아온 햇비'라는 비유에서 원관념은 '햇비'이다.

대상 어떤 일의 상대 또는 목표나 목적이 되는 것.
햇비 맑은 날 잠깐 내리다 금세 그치는 비. '여우비'의 사투리.

 여러 가지 비 우리말에는 비를 표현하는 말이 아주 많아요. 이슬비, 보슬비, 무더기비, 채찍비, 떡비, 잠비, 달구비, 먼지잼, 개부심, 는개, 작달비, 가랑비, 안개비, 억수, 단비, 약비 등이 있지요.

비유

표현하려는 대상을 직접 말하지 않고 그와 비슷한 다른 것에 빗대어 표현하는 것을 말해요. 표현하려는 대상을 '원관념', 빗댄 대상을 '보조 관념'이라고 해요.

인생이 나침반 없는 여행이라는 아버지의 비유가 참 멋지다.

빗대다 바로 말하지 않고 빙 둘러서 말하다.
나침반 자석의 성질을 이용하여 동서남북 방향을 알려 주는 기구.

상징

눈에 보이지 않는 추상적인 개념이나 생각 등을 구체적인 사물로 나타내는 표현 방법을 말해요. '평화'라는 추상적인 관념을 '비둘기'라는 구체적인 사물로 나타내는 것을 예로 들 수 있어요.

> 피고 지고 또 피는 아름다운 꽃 무궁화는 대한민국의 상징!

추상적 사물이나 현상이 직접 경험하거나 느낄 수 있는 형태나 성질을 갖추고 있지 않은 것.
구체적 사물이나 현상이 일정한 형태나 성질을 갖추고 있는 것.

함축

어떤 뜻을 겉으로 드러내지 않고 말이나 글 속에 압축하여 담는 것을 말해요. 함축적으로 표현된 의미는 한 가지가 아니라 문맥을 통하여 여러 가지 뜻으로 해석할 수 있어요.

> 지윤이는 시어에 함축되어 있는 뜻을 생각하며 시를 읽는다.

드러내다 숨겨지거나 알려져 있지 않던 것을 나타내어 알게 하다.
압축하다 글이나 어떤 내용 등을 요약하여 줄이다.

어휘력 체크

대화에 들어갈 알맞은 단어를 골라 써 보세요.

함축   나침반   추상적   상징   가능하다
햇비   비유   구체적   원관념   대상

우아, 이 조각품은 뭘 표현할 걸까?
작품이 ㉠◻◻◻이어서 도저히 모르겠어.

음, 내가 보기엔 평화를 ㉡◻◻하는 형상인 것 같아.
비둘기 모습처럼 보이잖아.

감상하는 사람을 위해 더 ㉢◻◻◻으로 표현해 주면 좋을 텐데. 형태가 보이게 말이야.

작가를 탓하지 말고 예술 보는 눈을 좀 키우라고!

정답 ㉠_____ ㉡_____ ㉢_____

결실

식물이 열매를 맺거나 여무는 것, 또는 그 열매를 말해요. 노력이나 수고로 이루어진 보람 있는 결과와 성과를 말하기도 해요.

성실하게 노력하지 않으면서 **결실**을 바라지 마라.

여물다 곡식이나 과일의 열매 등이 단단하게 잘 익다.
성과 일을 통해 이루어 낸 것.

여울

강이나 바다에서 바닥이 얕거나 폭이 좁아 물살이 빠르게 흐르는 곳을 말해요. 강이나 바다의 바닥이 갑자기 낮아져서 여울물이 턱져서 흐르는 곳은 '여울목'이라고 해요.

연어는 거센 **여울**을 거슬러 올라가 자신이 태어난 강에 알을 낳는다.

얕다 겉에서 속, 또는 밑에서 위까지의 길이가 짧다. 생각이 일정한 정도에 미치지 못하거나 마음 쓰는 것이 너그럽지 못하다.
거스르다 흐름을 따르지 않고 그에 반대되는 태도나 방향을 취하다.

33

찰박거리다

'찰바닥거리다'의 준말로, 얕은 물이나 질퍽한 곳을 거칠게 밟거나 치는 소리, 또는 그런 소리를 자꾸 내는 것을 말해요. '찰박이다', '찰박대다', '찰박찰박하다'라고도 표현해요.

> **찰박거리며** 물장구를 치고 있는 천진난만한 아이들.

질퍽하다 물기가 많아 매우 부드럽고 질다.
천진난만하다 말이나 행동에 아무런 거짓이나 꾸밈이 없이 매우 순수하고 참되다.

골똘하다

한 가지 일에 온 정신을 쏟아 딴생각이 없는 것을 말해요. 골똘하다의 원래 말은 '골독하다'예요. 비슷한 뜻을 가진 말로 '골몰하다', '몰두하다' 등이 있어요.

> 하진이는 소란한 소리에도 개의치 않고 독서에 **골똘하고** 있었다.

소란하다 시끄럽고 어수선하다.
개의하다 신경을 쓰거나 관심을 두다.

어휘력 체크

시 구절에 들어갈 알맞은 단어를 골라 써 보세요.

《하늘과 바람과 별과 시》로 다행시 짓기

하) 하늘이 높아져 가는 가을

늘) 늘어진 나락에는 황금빛 ㉠ ☐☐ 이 여물어 가고

과) 과일은 얼굴을 붉히며 물들어 간다

바) 바람 부는 들판에는 뛰노는 아이들이
㉡ ☐☐☐☐☐

람) 남쪽 밤하늘에는 희미하게 반짝이는 물고기자리

과) 과거는 거센 ㉢ ☐☐ 에 흘려보내고

별) 별처럼 반짝이며 오늘을 살아가자

과) 과거는 가을 바람에 날려 보내고

시) 시처럼 아름답게 하루하루를 살자

찰박거리다	여울	질퍽하다	골똘하다
소란하다	얕다	거스르다	성과
개의하다	결실	천진난만하다	여물다

시어의 매력

○○월 ××일 △요일

한별이의 추천으로 읽게 된 《하늘과 바람과 별과 시》라는 시집.

시를 좋아하지 않았는데, 〈자화상〉을 읽고 마음이 바뀌었다.

시에 형상화가 된 화자가 마치 나처럼 느껴졌다.

나도 내가 미울 때도 있고 불쌍할 때도 있고 자랑스러울 때도

있는데, 시 속의 화자도 그런 마음인 것 같아 공감이 갔다.

선명한 시각적 심상이 느껴지는 시어들도 참 아름다웠다.

시를 읽으며 나에 대해 성찰을 할 수 있어 좋았다.

아, 나도 이제 시의 매력에 점점 빠져들고 있는 걸까?

핵심단어: 형상화 심상 시어 성찰

형상화

형체가 분명하지 않은 것을 어떤 방법이나 매체를 통해서 구체적이고 명확한 모양으로 나타내는 것을 말해요. 어떤 소재를 예술적으로 재창조하는 것을 말하기도 해요.

> CG 기술의 발달로 멸종된 공룡의 사실적인 형상화가 가능해졌다.

매체 어떤 소식이나 사실을 널리 전달하는 물체나 수단.
명확하다 아주 뚜렷하고 확실하다.

심상

시를 읽을 때 마음속에 그려지는 감각적인 모습이나 느낌을 말해요. 느껴지는 감각의 종류에 따라 시각적, 청각적, 후각적, 미각적, 촉각적, 공감각적 심상이 있어요.

> 시각적 심상이 생생하게 느껴지는 최고 화질의 모니터!

공감각적 심상 둘 이상의 감각이 결합되어 나타나는 심상.
화질 텔레비전 등의 화면에 맺힌 상의 밝기나 뚜렷함의 질.

시어

시에 쓰는 말, 또는 시에 있는 말을 말해요. 지시적 의미보다는 함축적 의미를 가지고 있는 언어예요. 시의 의미와 주제를 최대한 살리고 독자에게 감동을 주기 위해 시인은 많은 고민을 하며 적절한 시어를 선택한답니다.

> 난 장독대, 징검다리, 어매 같은 <u>향토적</u>인 시어가 정감 있고 좋더라.

지시적 의미 사전에 나오는 의미.
향토적 시골이나 지방 또는 고향의 특성을 띠는 것.

시적 허용 시에서는 띄어쓰기, 맞춤법에 어긋나거나 문법에 맞지 않은 단어나 문장을 사용하는 게 가능해요. 예를 들어 '파아란 하늘에 하이얀 구름'처럼 말이에요. 운율이나 시적 효과를 위해 시에서만 특별히 허용하는 표현을 '시적 허용'이라고 해요.

성찰

자신이 한 일을 깊이 되돌아보며 반성하고 살피는 것을 말해요. 일반적으로 '<u>자아</u> 성찰'이라는 표현으로 많이 쓰여요.

> 우리 가족은 매일 10분씩 성찰의 시간을 갖는다.

반성하다 자기 말과 행동에 대해 잘못이나 부족함을 돌이켜 보다.
자아 자기 자신에 대한 의식이나 관념.

어휘력 체크

뜻풀이에 알맞은 단어를 쓰고 선으로 이어 보세요.

㉠ 시를 읽을 때 마음속에 그려지는 감각적인 모습이나 느낌

㉡ 자신이 한 일을 깊이 되돌아보며 반성하고 살피는 것

㉢ 시골이나 지방 또는 고향의 특성을 띠는 것

㉣ 소식이나 사실을 널리 전달하는 물체나 수단

㉠   ㉡   ㉢   ㉣

향토적   심상   성찰   매체

쉽지 않을걸!

진눈깨비

비가 섞여 내리는 눈을 말해요. 빗방울이나 거의 녹은 눈송이가 얼어 만들어져요. 진눈깨비보다 더 큰 입자의 덩어리는 '우박'이라고 해요.

> 저녁부터 내리던 진눈깨비는 자정을 넘어서며 폭설로 바뀌었다.

자정 밤 열두 시.
폭설 갑자기 한꺼번에 많이 내리는 눈.

여러 가지 눈 우리말에는 눈을 표현하는 말이 아주 많아요. 도둑눈, 풋눈, 가루눈, 포슬눈, 함박눈, 가랑눈, 싸락눈, 소나기눈, 자국눈, 숫눈, 첫눈, 날린눈, 살눈, 잣눈, 길눈 등이 있답니다.

온기

따뜻한 기운을 말해요. 비슷한 뜻을 가진 말은 '난기'예요. 반대로 차가운 기운을 나타내는 말에는 '냉기', '한기', '찬기' 등이 있어요. 온기보다 더 뜨거운 기운은 '열기'라고 해요.

> 난방기를 켜자 집 안에 훈훈한 온기가 돌기 시작한다.

난방기 실내 공간을 따뜻하게 하는 기구.
훈훈하다 날씨나 온도가 견디기 좋을 만큼 따뜻하다.

아슴푸레

또렷하게 보이거나 들리지 않고 희미하고 흐릿한 것을 말해요. 빛이 약하거나 멀어서 조금 어둑하고 희미한 것을 뜻하기도 하고, 기억이나 의식이 분명하지 못하고 조금 희미한 것을 뜻하기도 해요.

칠흑 같은 밤하늘을 가르며 아슴푸레 사라져 가는 유성.

칠흑 옻칠을 한 것처럼 검고 광택이 있는 빛깔.
유성 지구의 대기권 안으로 들어와 빛을 내며 떨어지는 작은 물체.

새삼

이전의 느낌이나 감정이 다시금 새롭게 든다거나 하지 않던 일을 해 갑작스러운 느낌이 드는 것을 말해요. 괜히 지난 일을 들추어내는 듯한 느낌이 드는 것을 뜻하기도 해요.

집을 오래 떠나 있으니 가족이 새삼 소중하게 느껴진다.

들추어내다 지난 일, 잊은 일 등을 따져서 드러나게 하다.
소중하다 지니고 있는 가치나 의미가 중요하여 매우 귀하다.

어휘력 체크

그림과 뜻풀이를 보고 빈칸에 알맞은 단어를 써 보세요.

㉠ 실내 공간을 따뜻하게 하는 기구
㉡ 지구의 대기권 안으로 들어와 빛을 내며 떨어지는 작은 물체
㉢ 갑자기 한꺼번에 많이 내리는 눈
㉣ 밤 열두 시

여운이 있는 시

○○월 XX일 △요일

김소월 시인의 시는 한결같이 다 좋다.

그중에서도 〈엄마야 누나야〉는 내가 가장 좋아하는 시다.

자연과 함께하는 평화로운 삶. 그런 소년의 마음에 공감이 간다.

이 시는 처음과 끝이 비슷한 **수미상관** 기법을 써서 **운율**도

느껴지고 소년의 간절한 마음이 강조되어 **여운**이 더 남는다.

시를 **기승전결** 구조로 쓰면 좋다는데 혹시 이 시도 그런 구조일까?

자꾸 노래를 부르게 되는 재미있는 시이기도 하다.

자연 속에서 평화로운 시를 쓰고 있는

내 모습을 상상해 본다.

 수미상관　운율　여운　기승전결

시 문학

수미상관

머리와 꼬리, 처음과 끝이 서로 이어 통한다는 뜻으로, 주로 시에서 사용하는 표현 기법이에요. 시에서 수미상관이란 시의 처음과 끝에 같은 구절을 반복하여 배치하는 것을 말해요.

> 윤동주의 시 〈자화상〉은 **수미상관** 구성으로 안정감이 느껴진다.

구절 한 토막의 말이나 글. 구와 절을 아울러 이르는 말.
배치하다 사람이나 물건 등을 적당한 자리나 위치에 나누어 두다.

운율

시에서 느껴지는 말의 가락, 리듬을 말해요. 글자 수나 비슷한 말을 일정하게 반복하거나 흉내 내는 말을 사용하는 방법 등으로 운율이 만들어져요.

> 노래의 후렴은 **운율**을 살려 따라 부르기 쉽게 만드는 게 좋다.

가락 목소리의 높낮이나 길이를 통해 느껴지는 말의 기운.
후렴 시나 노래의 각 절 끝에 되풀이되는 시구나 짧은 몇 마디의 가사.

운문과 산문 문학은 운문과 산문으로 나누어져요. 시와 같이 운율을 느낄 수 있는 글은 운율이 있는 문학이라 하여 '운문'이라고 해요. 소설이나 수필, 극과 같이 운율을 느낄 수 없지만 자유롭게 쓴 글은 '산문'이라고 한답니다.

여운

어떤 일이 끝나거나 다한 뒤에도 아직 가시지 않고 남아 있는 울림이나 운치를 말해요. 떠난 사람이 남겨 놓은 좋은 영향을 뜻하기도 하고, 소리가 그치거나 거의 사라진 뒤에도 아직 남아 있는 소리를 뜻하기도 해요.

> 어제 본 영화의 비극적 결말이 안타까워 아직까지도 여운이 남는다.

가시다 없어지거나 달라지다. 물로 깨끗이 씻어 내다.
운치 고상하고 우아한 멋.

기승전결

글을 짜임새 있게 구성하는 방법을 말해요. '기'는 시작하는 부분, '승'은 그것을 이어받아서 전개하는 부분, '전'은 다른 방향으로 바꾸는 부분, '결'은 끝맺는 부분이에요.

> 《심청전》 같은 옛이야기는 기승전결이 뚜렷해서 정말 재밌어.

짜임새 글이나 이야기 등의 내용이 체계를 제대로 갖춘 상태.
전개하다 내용을 진전시켜 펼쳐 나가다.

어휘력 체크

초성을 보고 문장에 들어갈 알맞은 단어를 빈칸에 써 보세요.

- 그 사람의 이야기는 ㄱㅅㅈㄱ 이 없어서 도대체 무슨 이야기인지 모르겠어.

  ㉠ ☐☐☐☐

- 소설의 열린 결말은 독자들에게 ㅇㅇ 을 준다.

  ㉡ ☐☐

- 한국 영화, 탄탄하고 ㅉㅇㅅ 있는 스토리로 전 세계를 사로잡다!

  ㉢ ☐☐☐

- 반복되는 ㅇㅇ 을 천천히 느끼며 나지막이 낭송해 보세요.

  ㉣ ☐☐

- 나는 시를 쓸 때 ㅅㅁㅈㄱ 구조로 완결성 있게 구성하는 것을 좋아한다.

  ㉤ ☐☐☐☐

생동감이 넘쳐!

도대체 몇 번을 보는 거야!

서정이 넘치는 배경과 긴장감 있는 서사. 몇 번을 봐도 질리지가 않아.

생동감 있게 그려진 인물들, 특히 의인화가 된 눈사람은 정말 매력덩어리야.

사실… 노래가 좋긴 하더라.

아아 아 아~

핵심단어: 서정 서사 생동감 의인화

서정

주로 예술 작품에서, 자신의 감정이나 정서를 그려 내는 것을 말해요. 원래 서정(lyricism)이란 그리스의 악기 리라에 맞춰 부르던 시에서 유래한 말인데, 지금은 자기 내면의 감정을 나타내는 것을 의미하게 되었어요.

> 가을밤을 표현한 시는 한결같이 쓸쓸한 서정이 느껴진다.

유래하다 사물이 어떤 것으로 말미암아 일어나거나 전해지다.
쓸쓸하다 외롭고 허전하다. 날씨가 으스스하고 차갑다.

예술 아름다움을 표현하고 창조하는 일에 목적을 둔 인간 활동과 작품을 통틀어 이르는 말이에요. 미술, 음악, 무용, 연극, 영화 예술 등이 있고, 문학도 인간의 사상과 감정을 언어로 표현한 예술이에요. 문학은 세련되게 다듬은 언어로 독자들에게 감동을 주고 문학적 정서를 체험하게 하지요.

서사

어떤 사건이나 상황을 시간의 흐름에 따라 적는 것을 말해요. 인물, 사건, 배경을 가지고 시간의 흐름에 따라 하나의 줄거리로 이야기가 진행되는 문학을 '서사 문학'이라고 해요.

> 소설은 대표적인 서사 문학이다.

상황 일이 되어 가는 과정이나 상태.
대표적 어떤 분야나 집단을 대표할 만큼 전형적이거나 특징적인 것.

생동감

살아서 움직이는 것과 같은 느낌을 말해요. 비슷한 뜻을 가진 말로 '약동감', '생명감' 등이 있어요.

> 산들바람 불어오는 봄 들판에 생동감이 넘친다.

산들바람 시원하고 부드럽게 부는 바람.
들판 풀이나 곡식들이 자라는 평평하고 넓게 확 트인 벌판.

의인화

사람이 아닌 것을 사람에 비유하여 표현하는 것을 말해요. 문학에서는 동식물이나 사물을 의인화하여 표현하는 경우가 많아요. 그 이유는 동식물이나 사물의 행동을 통해 인간의 속성을 간접적으로 드러내기 위해서랍니다.

> 이솝 우화는 동물의 의인화를 통해 교훈을 주는 이야기예요.

속성 사물의 특징이나 성질.
우화 동식물이나 사물을 주인공으로 등장시켜 그들의 행동 속에서 풍자와 교훈을 느끼게 하는 이야기.

어휘력 체크

뜻풀이에 해당하는 단어를 쓰고, 단어가 들어가는 짧은 글을 지어 보세요.

① 사물의 특징이나 성질

② 시원하고 부드럽게 부는 바람

③ 살아서 움직이는 것과 같은 느낌

④ 사람이 아닌 것을 사람에 비유하여 표현하는 것

⑤ 사물이 어떤 것으로 말미암아 일어나거나 전해지다

<짧은 글 짓기>

①

②

③

④

⑤

2장

불시에
하릴없이
허구
주리다
일대기
산문
갈등
경외심
풍자
묘사
전형적 인물
필시
거동
추레하다
진창
삭정이
허다하다
허드레
날품팔이
해학
양상
복선
배경지식
시점
구비 문학

설화
향유하다
초현실
낙향
소작
무논
회상하다
연신
무심하다
뭉근하다
적막하다
문체
액자식 구성
서술자
주동 인물

소설 문학

눈물 나는 허구 이야기

○○월 XX일 △요일

《엄마 까투리》라는 책을 읽었다. 너무너무 슬프다.

불시에 일어난 산불에 까투리 가족이 얼마나 놀라고 당황했을까?

도저히 혼자 도망갈 수 없어 새끼들을 품에 안고 하릴없이

뜨거운 불길을 온몸으로 막아 낸 엄마 까투리.

허구라는 걸 알면서도 진짜처럼 느껴져 눈물이 났다.

새끼들아, 비록 엄마는 없지만 배 주리지 말고 잘 살아야 해!

슬프면서도 따뜻한 엄마 까투리의 사랑을 느끼며

엄마에게 감사한 하루다.

핵심 단어: 불시에   하릴없이   허구   주리다

소설 문학

불시에

어떤 일이 뜻하지 않은 때에 갑자기 일어나는 것을 말해요. 같은 뜻을 가진 말로 '불시로'가 있어요.

6·25 전쟁은 북한이 불시에 남침을 하며 발생한 전쟁이다.

남침 남쪽 지방을 침략함.
발생하다 어떤 일이나 사물이 생겨나다.

하릴없이

달리 어떻게 할 도리가 없음을 말해요. 지금은 잘 사용하지 않지만 옛글에서는 자주 나오는 말이에요. 비슷한 뜻을 가진 말로 '속절없이', '덧없이' 등이 있어요.

우산이 없는 한별은 매서운 폭우 속에서 하릴없이 엄마를 기다렸다.

매섭다 정도가 매우 심하다.
폭우 갑자기 한꺼번에 많이 쏟아지는 비.

허구

사실이 아닌 일이 사실처럼 꾸며진 성질이나 상태를 말해요. 소설이나 희곡과 같은 문학은 실제로는 없는 이야기를 작가가 상상력을 동원하여 지어낸 허구의 문학이에요.

> UFO 목격자의 증언은 결국 허구로 밝혀졌다.

증언 어떤 사실을 말로 증명함. 증인의 진술.
밝혀지다 드러나 알려지다.

소설의 특징　**허구성** 실제가 아니라 지어낸 이야기.
　　　　　　　개연성 지어낸 이야기지만 현실에 있음 직한 이야기.
　　　　　　　진실성 지어낸 이야기지만 삶의 진실을 담고 있는 이야기.
　　　　　　　서사성 일정한 흐름에 따라 줄거리가 전개되는 이야기.

주리다

제대로 먹지 못해 배를 곯거나 원하는 것을 얻지 못해 모자람을 느끼는 것을 말해요. 비슷한 뜻을 가진 말로 '곯다', '허기지다', '배곯다', '굶주리다' 등이 있어요.

> 전쟁 통의 거리는 주린 배를 움켜쥐고 구걸하는 사람들로 가득했다.

곯다 양이 차지 않게 먹거나 굶다.
구걸하다 남에게 돈이나 물건, 먹을 것 등을 달라고 빌다.

어휘력 체크

뜻풀이에 알맞은 단어를 쓰고, 아래 동그라미에 순서대로 글자를 써서 문장을 완성하세요.

가 구걸하다	최 완벽	요 폭우	주 근심
우 하릴없이	랑 불시에	족 주리다	해 허구
리 발생하다	사 매섭다		

㉠ 달리 어떻게 할 도리가 없음

㉡ 어떤 일이나 사물이 생겨나다

㉢ 남에게 돈이나 물건, 먹을 것 등을 달라고 빌다

㉣ 제대로 먹지 못하여 배를 곯다

㉤ 정도가 매우 심하다

㉥ 어떤 일이 뜻하지 않은 때에 갑자기 일어나는 것

㉦ 사실이 아닌 일이 사실처럼 꾸며진 성질이나 상태

정답 ◯ ◯ ◯ ◯ ◯ ◯ ◯

57

멋진 영웅의 일대기

《홍길동전》은 홍길동의 **일대기**를 통해 차별과 부패한 정치를 비판하고 있는 **산문** 문학이지.

수많은 **갈등**을 극복하고 율도국을 세운 홍길동에게 **경외심**이 느껴져.

난 결심했어! 이 시대의 홍길동이 되기로.

공부를 강요하는 이 빡빡한 현실을 바꾸겠어!

그 전에 엉망인 이 방부터 바꿔야 할 것 같은데?

대체 누가 이렇게 어지른 거야!

일대기   산문   갈등   경외심

일대기

한 사람의 출생부터 사망까지의 일생을 적은 글을 말해요. 일반적으로 전기문이나 고전 소설은 인물의 일대기로 구성하는 경우가 많아요.

> 세종 대왕의 파란만장한 일대기를 그린 드라마가 만들어진대.

전기문 어떤 인물의 생애와 업적 등을 기록한 글.
파란만장하다 일이 진행되거나 인생을 살아가는 데 변화가 몹시 심하다.

산문

운율이나 음절의 수 등에 얽매이지 않고 줄글로 자유롭게 쓴 글을 말해요. 산문으로 된 문학에는 소설, 수필, 희곡 등이 있어요.

> 나는 시보다는 소설 같은 산문이 더 좋더라.

수필 일정한 형식에 얽매이지 않고 일상생활에서의 경험이나 느낌을 붓 가는 대로 자유롭게 쓴 글.
희곡 무대 위에서 공연하는 것을 목적으로 등장인물의 대화와 행동을 중심으로 쓴 연극 대본.

갈등

칡과 등나무라는 뜻으로, 칡덩굴과 등나무 덩굴이 서로 복잡하게 얽혀 있는 것과 같이 개인의 내면이나 개인과 개인, 개인과 집단 사이에서 서로 적대시하거나 충돌을 일으키는 것을 말해요.

> 살다 보면 외부뿐만 아니라 내면의 갈등도 끊임없이 생긴다.

얽히다 어떤 것들이 복잡하게 뒤섞이다. 이리저리 관련되다.
적대시하다 적으로 여기다.

갈등(葛藤) 갈등은 한 인물의 마음속에서 일어나는 갈등인 '내적 갈등'과 인물과 인물, 인물과 외부 환경 사이에서 일어나는 갈등인 '외적 갈등'으로 나뉘어요. 소설에서 갈등은 사건을 전개시키고, 이야기에 극적 긴장감을 줌으로써 독자가 소설에 재미를 느끼게 한답니다.

경외심

공경하고 두려워하는 마음을 말해요. 신과 같은 절대자나 불가사의하고 신비한 존재, 위대하고 존경할 만한 인물에게서 이러한 마음이 느껴져요. '경외감', '경외지심'으로 표현하기도 해요.

> 끝없이 이어진 지평선을 바라보면 자연에 대한 경외심이 생긴다.

불가사의하다 보통 사람의 생각으로는 도저히 미루어 헤아릴 수 없을 만큼 이상야릇하다.
지평선 땅의 끝과 하늘이 맞닿아 경계를 이루는 선.

어휘력 체크

뜻풀이에 알맞은 단어를 골라 미로를 빠져나가 보세요.

출발

운율이나 음절 수에 얽매이지 않고 자유롭게 쓴 글 → 산문 / → 운문

공경하고 두려워하는 마음 ← 존경심 / ← 경외심

무대 공연을 목적으로 쓴 연극 대본 → 희곡 / → 수필

한 사람의 출생부터 사망까지의 일생을 적은 글 → 일기 / → 일대기

도착

권력 풍자가 훌륭해!

책 제목	《동물 농장》

풍자 소설의 대표적 작품인 《동물 농장》을 읽었다.

부패한 권력과 그 권력에 길들어 가는 대중에 대한 묘사를 통해

현실을 풍자하고 있다. 동물들이 반란을 일으켰을 때,

자신들의 권리를 찾고 평등하고 자유롭게 살길 바랐다.

하지만 지도자가 된 돼지들은 권력자의 전형적 인물로 변해 버렸다.

권력을 잡으면 필시 변할 수밖에 없는 걸까? 진정한 지도자란 뭘까?

어떤 자격을 갖추어야 할까?

끝없이 물음표가 떠오르는 책이다.

 핵심 단어   풍자   묘사   전형적 인물   필시

풍자

남의 결점을 다른 것에 빗대어 비웃으면서 그 대상을 깎아내리는 것을 말해요. 문학에서 사회의 부정적 현상이나 인간의 결점과 모순을 다른 것에 빗대어 폭로하고 비판하는 것을 '풍자 문학'이라고 해요.

> 《걸리버 여행기》는 영국 사회를 날카롭게 비판한 풍자 소설이다.

결점 완전하지 못하고 부족한 점.
폭로하다 알려지지 않거나 감춰져 있던 나쁜 일이나 비밀을 드러내어 알리다.

묘사

어떤 대상이나 현상을 자세하게 서술하거나 그림을 그려서 나타내는 것을 말해요. 비슷한 뜻을 가진 말로 '기술', '묘출' 등이 있어요.

> 몽타주는 용의자에 대한 자세한 묘사가 중요하다.

몽타주 여러 사진의 일부분을 따서 합성한 사진. 서로 다른 사람의 얼굴 여러 부분을 이용해서 어떤 사람의 얼굴 형상을 만듦.
용의자 범죄 행위를 저질렀으리라는 의심을 받아 수사의 대상이 된 사람

전형적 인물

어떤 시대나 계층, 집단의 성격을 대표하는 인물을 말해요. 예를 들어 심술쟁이의 전형적 인물로는 놀부를, 효녀의 전형적 인물로는 심청이를 들 수 있어요. 반대의 뜻을 가진 인물을 '개성적 인물'이라고 해요.

> 히틀러나 스탈린은 독재자의 전형적 인물이라 할 수 있어요.

계층 사회적 지위와 역할에 따라 구별되는 비슷한 사람들의 부류.
독재자 모든 일을 독단적으로 판단하여 처리하는 사람.

소설의 인물 분류 기준
중요도에 따라 주요 인물과 주변 인물.
역할에 따라 주동 인물과 반동 인물.
특성에 따라 전형적 인물과 개성적 인물.
성격의 변화 여부에 따라 평면적 인물과 입체적 인물.

필시

어긋남이 없이 확실하고 틀림이 없는 것을 말해요. 비슷한 뜻을 가진 말로 '반드시', '분명히', '마땅히', '필연' 등이 있어요.

> 친구가 며칠째 연락 두절인데, 필시 우려할 만한 일이 일어났나 봐요.

연락 두절 교통이나 통신 등이 막히거나 끊어져 연락이 원활하지 못한 상태.
우려하다 근심하거나 걱정하다.

어휘력 체크

기사를 읽고 빈칸에 들어갈 알맞은 단어를 음절 상자에서 찾아 묶고 써 보세요.

연쇄 강도 사건 공개수사로 전환

경찰은 연쇄 강도 사건을 공개수사로 돌리고 범인을 검거하는 데 총력을 다하겠다고 발표했습니다. 목격자의 증언을 토대로 ㉠ ㅇ ㅇ ㅈ 의 얼굴을 자세히 ㉡ ㅁ ㅅ 한 ㉢ ㅁ ㄷ ㅈ 를 전국에 배포하고 대대적인 검거 작전에 돌입하기로 한 것입니다. 또 다른 범죄의 가능성에 대해 ㉣ ㅇ ㄹ 의 목소리가 높아 가는 가운데, 경찰은 조속히 범인이 검거될 수 있도록 수사에 만전을 기하겠다고 밝혔습니다.

연	독	묘	계	전	자
필	점	사	물	의	두
우	층	적	용	재	빗
려	절	대	몽	시	형
찰	행	풍	락	타	결
다	자	오	자	인	주

정답 ㉠_____ ㉡_____ ㉢_____ ㉣_____

65

진창 같은 마음

○○월 ××일 △요일

학원 가는 길에 거동이 불편하신 할머니를 보았다.

추레한 행색에, 진창을 밟으셨는지 신발이 흙투성이였다.

할머니는 알 수 없는 말을 하시며 두리번거리셨다.

학원에 늦을까 봐 모른 척 지나갔는데 마음이 불편했다.

다시 돌아가 여쭤보니 집을 못 찾겠다고 하셨다.

잠시 고민하다 할머니를 부축해 파출소에 모셔다 드렸다.

삭정이처럼 마른 할머니의 팔이 아직까지도 느껴진다.

할머니는 지금쯤 가족 곁으로 무사히 돌아가셨겠지?

핵심 단어: 거동 추레하다 진창 삭정이

거동

몸을 움직이는 것을 말해요. 비슷한 뜻을 가진 말로 '동태', '운신', '활동', '동작', '행동거지', '행동' 등이 있어요.

> 연로한 할아버지께서 거동이 불편하시니 보행기를 사 드려야겠다.

연로하다 나이가 많다.
보행기 아기가 걸음을 익히거나 몸이 불편한 사람이 걸을 때 도와주는 바퀴 달린 기구.

추레하다

겉모양이 깨끗하지 못하고 보잘것없는 것을 말해요. 태도가 너절하고 고상하지 못하다는 뜻과 생생한 기운이 없다는 뜻으로도 쓰여요. 비슷한 뜻을 가진 말로 '초라하다'가 있어요.

> 입신양명을 꿈꾸며 떠난 이몽룡은 추레한 몰골로 돌아왔다.

입신양명 출세하여 세상에 이름을 떨침.
몰골 볼품없는 모습이나 얼굴.

 **입신양명(立身揚名)** 《효경》에 나오는 말로, '신체의 머리털과 살갗은 부모에게서 받은 것이니 감히 손상하지 아니함이 효도의 시작이고, 입신출세하여 도를 행하고 후세에 이름을 드날려 부모를 드러내는 것이 효도의 마침이다.'라는 글에서 유래한 말이에요.

진창

땅이 질어서 질퍽질퍽하게 된 곳을 말해요. 질다는 것은 물기가 많다는 뜻이에요. 진창과 비슷한 뜻을 가진 말로 '진흙탕', '감탕밭', '곤죽' 등이 있어요.

눈이 녹자 진창에 미끄러져 넘어지는 사람이 속출했다.

질퍽질퍽하다 진흙이나 반죽 등에 물기가 많아 매우 부드럽게 진 느낌이 들다. '질퍼덕질퍼덕하다'의 준말.
속출하다 잇달아 나오다.

삭정이

살아 있는 나무에 붙어 있는 말라 죽은 가지를 말해요. 비슷한 뜻을 가진 말로 '삭정가지'가 있어요. 마른 나뭇가지로 붙인 불을 '삭정이불'이라고 해요.

삭정이를 모아 불을 지피려는데, 세찬 바람이 헤살을 놓는다.

지피다 장작 등 땔나무에 불을 붙여 타게 하다.
헤살 일을 짓궂게 방해함.

어휘력 체크

표시한 설명에 맞는 단어를 음절 구슬에서 찾아 빈칸에 써 보세요.

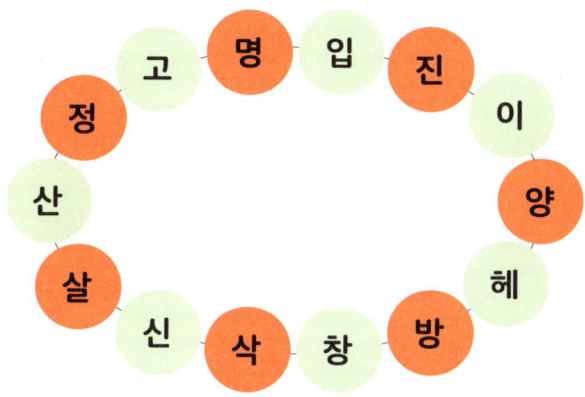

난 꼭 **성공해서 세상에 이름을 떨치고** 싶어.

㉠ ☐☐☐☐

땅이 질어서 **질퍽질퍽한 곳**은 산책하기 힘들다멍.

㉡ ☐☐

이안, 왜 자꾸 내가 하는 일을 **짓궂게 방해하는** 거야?

㉢ ☐☐

말라 죽은 나뭇가지 좀 꺾어 와서 불을 피워야겠다.

㉣ ☐☐☐

날품팔이, 부자가 되다

책 제목	《흥부전》

'인생 역전'이라는 말에 딱 어울리는 사람이 바로 흥부다.

그는 열 명이 넘는 자식에 돈이 없어 굶는 날이 허다했다.

흥부와 아내는 허드레 살림에 날품팔이를 하며 근근이 살았다.

재산을 뺏은 형을 원망하거나 자신의 처지를 비관하지도 않았다.

흥부는 제비를 치료해 주고 하루아침에 부자가 된다.

그리고 욕심 많은 형을 용서한다.

그런데 흥부의 인생 역전은 노력의 결과일까, 운일까?

《흥부전》은 풍자와 해학, 생각할 거리가 많은 책이다.

핵심 단어: 허다하다 허드레 날품팔이 해학

허다하다

수량이 매우 많고 흔한 것을 말해요. 비슷한 뜻을 가진 말로 '많다', '수두룩하다' 등이 있어요.

> 논에는 간밤의 태풍에 쓰러진 나락이 허다하다.

수량 수효와 분량을 아울러 이르는 말. 수효는 사물의 낱낱의 수를 말하고, 분량은 개수, 무게의 많고 적음이나 부피의 크고 작은 정도를 말한다.
나락 '벼'를 이르는 말.

허드레

낡거나 허름하고 그다지 중요하지 않아 함부로 쓸 수 있는 물건을 말해요. '허드레옷, 허드렛일, 허드렛물, 허드렛소리, 허드렛방, 허드레 살림, 허드레 그릇, 허드레 용돈' 등 다양한 말에 붙어 사용해요.

> 농부는 입지 않는 허드레옷으로 허수아비를 만들었다.

허름하다 좀 낡고 헌 듯하다.
허수아비 새나 짐승 등을 막으려고 막대기와 짚 등으로 사람 모양을 만들어 논밭에 세우는 물건.

나도 새 옷 입고 싶다고!

날품팔이

날삯을 받고 일을 하는 것을 말해요. 날삯은 하루 단위로 치러 주는 품삯을 말해요. 비슷한 뜻을 가진 말로 '품팔이', '놉' 등이 있어요. 북한에서는 날품팔이를 '날삯인부', '날인부'라고 해요.

> 허 생원은 날품팔이로 하루하루를 근근이 살아갔다.

품삯 일한 대가로 받거나 일을 시킨 대가로 주는 돈이나 물건.
근근이 매우 힘들고 어렵사리 겨우.

해학

세상과 인간의 결함을 익살스럽고 우스꽝스럽게 표현한 말이나 행동을 말해요. 대상을 비웃고 비판하는 '풍자'와 달리 해학은 대상에 대한 연민과 애정이 담겨 있는 표현이에요.

> 탈춤과 같은 서민들의 예술에는 풍자와 해학이 담겨 있다.

결함 부족하거나 완전하지 못하여 흠이 되는 부분.
익살스럽다 남을 웃기려고 일부러 우스운 말이나 행동을 하다.

얼쑤, 신이 난다, 신이 나!

어휘력 체크

대화에 들어갈 알맞은 단어를 골라 써 보세요.

해학   허다하다   근근이   날품팔이
품삯   허드레   익살스럽다   수량   나락

오늘 재활용품 분리배출하는 날인 거 알고 있지?
이번엔 배출할 ㉠ ☐☐ 이 꽤 많아.

분리배출 같은 ㉡ ☐☐ 심부름은 네게 맡길게.
난 더 중요한 일이 있어서.

그래, 그렇게 해. 엄마가 오늘부터 재활용품 분리배출하면 용돈을 넉넉히 주시겠다고 했는데.

아냐, 아냐! 그런 일은 당연히 내가 해야지.
용돈이 떨어져 ㉢ ☐☐ 살고 있었는데 잘됐다.

정답 ㉠ _____ ㉡ _____ ㉢ _____

73

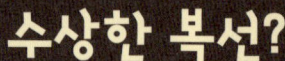

양상

사물이나 현상이 변해 가는 중의 어떤 시점에서 드러나는 모양이나 상태를 말해요. 비슷한 뜻을 가진 말로 '양태', '꼴', '모습', '생김새' 등이 있어요.

> 전염병은 대대적인 방역에도 불구하고 전국으로 확산되는 양상이다.

대대적 일의 범위나 규모가 매우 큰 것.
확산되다 흩어져 퍼지다.

복선

소설이나 희곡 등에서 앞으로 일어날 사건에 대하여 미리 암시하는 것을 말해요. 어떤 사건이 우발적으로 일어난 것이 아니라는 인상을 주기 위해 미리 그 사건의 가능성을 암시해 주는 것이지요.

> 스릴러 영화는 곳곳에 복선이 깔려 있어 한 장면도 놓칠 수 없다.

암시하다 명확히 드러내지 않고 넌지시 알리다.
우발적 예기치 않게 우연히 일어나는 것.

배경지식

어떤 일을 하거나 연구할 때, 이미 알고 있는 지식이나 기본적으로 필요한 지식을 말해요. 자신이 직접 겪은 경험들은 물론, 자신이 겪지 않은 것도 책이나 학습 등을 통해서 배경지식으로 쌓을 수 있어요.

> 독서는 다양한 분야에 대한 배경지식을 쌓는 데 유용하다.

분야 여러 갈래로 나누어진 범위나 부분.
유용하다 쓸모가 있고 이롭다.

시점

소설에서 서술자가 이야기를 서술하여 나가는 방식이나 관점을 말해요. 서술자가 인물과 사건을 어디에서 보고 있고, 어떠한 방식으로 독자에게 이야기해 주는지에 따라 시점이 달라져요.

> 옴니버스 작품은 인물들의 다양한 시점을 볼 수 있어 재미있다.

서술하다 사건이나 생각 등을 차례대로 말하거나 적다.
옴니버스 하나의 주제를 중심으로 몇 개의 독립된 짧은 이야기를 모아 한 편의 작품으로 만든 형식.

 **소설의 시점** 소설의 시점은 1인칭 주인공 시점, 1인칭 관찰자 시점, 3인칭 관찰자 시점, 전지적 작가 시점으로 나뉘어요. 시점에 따라 독자가 등장인물에게 느끼는 거리감도 달라지고 장면이나 인물에 대해 상상할 수 있는 정도도 달라진답니다.

어휘력 체크

문장에 들어갈 알맞은 단어를 골라 써 보세요.

《비차를 찾아라》로 독서 일지 쓰기

책을 선택한 이유	'비차'가 임진왜란 시기에 하늘을 날았던 물체라는 것이 흥미로웠고, 몰랐던 역사적 사실을 알아두면 유용할 것 같아 선택하였다.
인상 깊은 문장이나 장면	애진과 류형빈이 비차를 타고 덴케이를 뒤쫓는 장면이 아슬아슬하고 긴박하게 서술되어 있어 인상 깊었다.
책을 읽으면서 생긴 질문	- 실제 비차는 어떤 모양이었을까? - 소설에 등장하는 역사 속 인물의 모습과 실제 인물의 모습은 어떤 차이가 있을까? - 다양한 ㉠ □□ 의 지식이 있어야 글을 잘 쓸 수 있는 걸까?
새롭게 알게 된 것이나 깨달은 점	역사에 기록된 사실을 ㉡ □□□ 으로 쌓아 상상력을 발휘한다면 재미있는 소설을 쓸 수 있다는 것을 알게 되었다. 역사를 새로운 ㉢ □□ 으로 서술할 수 있다는 것도 알게 되었다.

복선	암시하다	서술하다	옴니버스
분야	양상	확산되다	배경지식
시점	우발적	유용하다	대대적

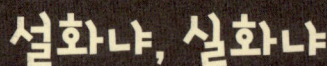

구비 문학

글이 아니라 입에서 입으로 전해 내려오는 문학을 말해요. '구전 문학', '구승 문학'이라고도 해요. 우리나라의 대표적인 구비 문학으로는 설화, 민요, 판소리, 민속극 등이 있어요.

구비 문학을 채록할 때는 성능 좋은 녹음기가 필요하다.

채록하다 필요한 자료를 찾아 모아서 적거나 녹음하다.
성능 어떤 물건이 지닌 성질과 능력.

설화

민족이나 집단 사이에 예로부터 전승되어 오는 이야기를 말해요. 비슷한 뜻을 가진 말은 '옛이야기'예요. 설화의 종류에는 신화, 전설, 민담이 있어요.

《아기장수 우투리》와 《바리공주》는 우리나라의 대표적인 **설화**이다.

전승되다 문화, 풍속, 제도 등이 이어받아져 계승되다.
장수 군사를 거느리는 우두머리나 힘이 센 사람.

설화의 종류　**신화** 인간 이상의 탁월한 능력을 지닌 인물이 등장하는 이야기로, 단군 신화, 고주몽 신화, 박혁거세 신화 등이 있어요.
전설 어떤 것의 내력에 대한 이야기로, 장자못 전설, 아차산 전설, 꽃 유래 전설 등이 있어요. 이야기에 대한 증거물이 있어요.
민담 재미와 교훈을 주기 위한 이야기로, 호랑이와 곶감, 두꺼비와 지네, 효자와 호랑이 등이 있어요.

향유하다

소유하여 누리는 것을 말해요. 눈에 보이거나 만져지는 물건보다는 문화나 예술, 시간처럼 눈에 보이지 않는 추상적인 것을 누릴 때 주로 쓰는 말이에요.

> 시골에서도 문화와 예술을 향유할 수 있는 기회가 많아지면 좋겠어요.

소유하다 자기 것으로 가지다.
누리다 마음껏 즐기거나 직접 겪어 보다.

초현실

실제로 존재하는 현실을 벗어난 것을 말해요. 믿을 수 없을 만큼 놀라운 일이나 현실에서 일어나지 않을 것 같은 일을 표현하는 말이에요.

> 판타지 소설은 우리를 초현실 세계로 인도한다.

판타지 소설 현실에서 있을 수 없는 초자연적이고 비현실적인 이야기의 소설.
인도하다 지도하여 이끌다. 길이나 장소를 안내하다.

 **초(超)-** 일부 명사 앞에 붙어서 '일정한 범위를 넘어선' 또는 '정도가 심한'의 뜻을 더해 주는 접두사예요. 초현실, 초강대국, 초능력, 초고속, 초만원, 초인간, 초자연, 초음속 등 다양한 단어와 결합하여 쓰여요.

어휘력 체크

뜻풀이에 알맞은 단어를 쓰고 선으로 이어 보세요.

㉠ 문화, 풍속, 제도 등이 이어받아져 계승되다

㉡ 글이 아니라 입에서 입으로 전해 내려오는 문학

㉢ 실제로 존재하는 현실을 벗어난 것

㉣ 민족이나 집단 사이에 예로부터 전승되어 오는 이야기

㉠   ㉡   ㉢   ㉣

전승되다   구비 문학   설화   초현실

낙향을 꿈꾸며

낙향

고향 또는 시골로 거처를 옮기는 것을 말해요. 비슷한 뜻을 가진 말로 고향으로 돌아간다는 뜻의 '귀향'이 있어요.

> 이황은 낙향 후 학문 연구와 제자 양성에 힘썼다.

거처 일정하게 자리를 잡고 사는 장소. 또는 그렇게 사는 것.
양성 가르쳐서 유능한 사람을 키워 냄. 실력을 키우고 발전시킴.

소작

일정한 값을 지불하고 남의 땅을 빌려서 농사를 짓는 것을 말해요. 이렇게 농사를 짓는 사람을 소작농이라고 해요. 이와 달리 자신의 땅에 농사를 짓는 사람은 자작농이라고 해요.

> 복남 씨는 가난한 소작농의 아들로 태어나 자수성가한 사람이다.

지불하다 돈을 내어 주거나 값을 치르다.
자수성가 물려받은 재산이 없이 자기 혼자의 힘으로 집안을 일으키고 재산을 모음.

문학 작품 속 소작농 《봄봄》, 《동백꽃》, 《만무방》, 《감자》 등의 소설에서 소작농 이야기가 나와요. 지주나 마름과의 대등하지 않은 관계에서 고통을 겪는 소작농의 모습을 통해 불합리한 농촌 현실을 그리고 있답니다. 지주는 땅의 주인, 마름은 지주를 대신하여 소작지를 관리하는 사람을 말해요.

무논

물이 차 있거나 쉽게 물을 댈 수 있는 논을 말해요. 비슷한 뜻을 가진 말로 '수전', '수답', '진논', '골답' 등이 있어요.

> <u>무논</u> <u>논둑</u>에는 <u>워낭</u>을 단 소 한 마리가 한가로이 풀을 뜯고 있었다.

논둑 논의 가장자리에 높고 길게 쌓아 올린 둑.
워낭 소나 말의 귀밑에서 턱 밑으로 늘여 다는 방울.

회상하다

지난 일을 돌이켜 다시 생각하는 것을 말해요. 비슷한 뜻을 가진 말로 '회고하다', '상기하다', '추억하다' 등이 있어요.

> 마음이 힘들 때 행복했던 기억을 회상하면 기분이 나아진다.

돌이키다 다시 생각하거나 되돌아보다.
나아지다 이전보다 더 좋아지다.

어휘력 체크

그림과 뜻풀이를 보고 빈칸에 알맞은 단어를 써 보세요.

㉠ 물이 차 있거나 쉽게 물을 댈 수 있는 논
㉡ 지난 일을 돌이켜 다시 생각하다
㉢ 소나 말의 귀밑에서 턱 밑으로 늘여 다는 방울
㉣ 고향 또는 시골로 거처를 옮김

연신

잇따라 자꾸, 반복하는 것(반복성)을 말해요. 연신은 본래 '연방(連方)'의 비표준어였으나 '연속해서 자꾸(연속성)'라는 뜻의 '연방'과 차이가 있는 것으로 판단하여 표준어로 인정했어요.

> 굶주린 꿩은 들판의 곡식을 연신 쪼아 먹었다.

잇따르다 계속 뒤를 이어서 따르다.
굶주리다 먹을 것이 없어서 배를 곯다.

꿩의 이름 꿩은 다양한 이름을 가지고 있어요. 수꿩은 장끼, 암꿩은 까투리, 새끼 꿩은 꺼병이라고 불러요. 꺼병이는 암수 구별이 안 되고, 모습이 거칠고 못생긴 데다 행동이 굼뜨고 어수룩해요. 조금 모자란 사람을 속되게 부르는 말로 '꺼벙이'라는 말이 있는데, 이 말이 꺼병이에서 유래한 것이라고 해요.

무심하다

아무런 생각이나 감정이 없는 것, 남의 일에 대해 걱정하거나 관심을 두지 않는 것을 말해요. 비슷한 뜻을 가진 말로 '무관심하다', '무정하다' 등이 있어요.

> 무심한 하늘은 타는 듯한 가뭄에도 비 한 방울 내리지 않았다.

무정하다 따뜻한 인정이 없고 쌀쌀맞다.
가뭄 오래도록 계속하여 비가 오지 않는 날씨.

뭉근하다

세지 않으면서 꾸준하고 끊임이 없는 것을 말해요. 보통 불을 때거나 요리를 할 때 사용하는 말이에요.

> 사과잼은 뭉근한 불에 오랜 시간 졸여야 풍미가 살아난다.

졸이다 가열하여 물을 증발시켜 분량이 적어지게 하다.
풍미 음식의 고상한 맛.

적막하다

고요하고 쓸쓸하거나 의지할 곳 없이 외로운 것을 말해요. 비슷한 뜻을 가진 말로 '호젓하다', '쓸쓸하다', '고적하다', '막막하다' 등이 있어요.

> 남자는 소쩍새 소리만 구슬프게 들려오는 적막한 오솔길을 걷고 있다.

구슬프다 처량하고 슬프다.
오솔길 산이나 숲에 난 폭이 좁고 고요한 길.

어휘력 체크

초성을 보고 문장에 들어갈 알맞은 단어를 빈칸에 써 보세요.

● 나뭇잎 떨어지는 소리가 들릴 만큼 사방이 ㅈㅁㅎㄷ.

ㄱ ☐☐☐☐

● 아버지는 소파에 앉아 ㅇㅅ 고개를 떨구며 졸고 계신다.

ㄴ ☐☐

● 어머니는 밤새 ㅁㄱㅎ 불로 곰국을 끓이셨다.

ㄷ ☐☐☐

● 나는 뒷산의 ㅇㅅㄱ 을 따라 강아지와 산책을 하곤 한다.

ㄹ ☐☐☐

● 각국의 전통 음식은 저마다의 ㅍㅁ 를 가지고 있다.

ㅁ ☐☐

문체

문장의 개성적인 특색을 말해요. 문장을 통해 드러나는 글쓴이의 개성이나 성격이라고도 할 수 있어요. 비슷한 뜻을 가진 말로 '글투', '글체' 등이 있어요.

> 도미솔 작가의 문체는 워낙 특이해서 한눈에 알아볼 수 있다.

특색 보통의 것과 눈에 띄게 다른 점.
워낙 두드러지게 몹시.

문체(文體) 문체는 영어로 스타일(style)이라고 하는데, 문장의 길이나 꾸밈의 정도 등에 따라 간결체, 만연체, 건조체, 화려체, 강건체, 우유체 등으로 나누어져요. 프랑스의 철학자 뷔퐁은 '문체는 인간 그 자체'라고 했고, 독일의 철학자 쇼펜하우어는 '문체는 마음의 얼굴'이라고 정의했어요.

액자식 구성

액자 안에 사진이 들어 있는 것처럼 이야기 속에 또 다른 이야기가 들어 있는 구성을 말해요. 꿈이나 과거 회상을 소재로 하는 이야기에 많이 사용하는 구성이에요.

> 《구운몽》은 액자식 구성으로 쓰인 대표적인 고전 소설이다.

소재 어떤 것을 만드는 데 바탕이 되는 재료.
고전 소설 19세기 이전에 쓰여진 소설.

서술자

소설에서 독자에게 이야기를 들려주는 사람을 말해요. 영어로는 '내레이터'라고 하는데, 서술자가 누구이고 어떤 시각으로 이야기를 들려주느냐에 따라 소설의 시점이 달라져요.

> 소설을 쓸 때는 먼저 **서술자**를 설정하고 시작해야 한다.

들려주다 소리나 말을 듣게 해 주다.
시각 사물이나 현상을 바라보거나 파악하는 입장과 자세.

주동 인물

이야기의 주인공으로, 이야기에서 중심 사건을 주도하거나 작가가 의도하는 주제의 방향과 부합하는 인물을 말해요. 주동 인물과 대립하며 갈등을 일으키는 인물은 반동 인물이라고 해요.

> 영웅 소설은 **주동 인물**과 반동 인물의 대립이 흥미진진하게 그려진다.

부합하다 사물이나 현상이 딱 들어맞다.
대립하다 의견이나 처지, 속성 등이 서로 맞서거나 반대가 되다.

어휘력 체크

뜻풀이에 해당하는 단어를 쓰고, 단어가 들어가는 짧은 글을 지어 보세요.

① 소설에서 독자에게 이야기를 들려주는 사람

② 어떤 것을 만드는 데 바탕이 되는 재료

③ 사물이나 현상이 딱 들어맞다

④ 의견이나 처지, 속성 등이 서로 맞서거나 반대가 되다

⑤ 문장의 개성적인 특색

<짧은 글 짓기>

①

②

③

④

⑤

간헐적
이행하다
무관하다
신념
탐색
가설
분석
도출하다
창출하다
증대
상이하다
저하되다
중시하다
단언하다
불가피하다
심사숙고하다
신장
인지하다
간파하다
신속하다
배척
일관성
거시적
결여
논거

분류하다
유추하다
왜곡
병행
소요되다
실효성
동원하다
탁월하다
필연적
현저하다
기인하다
종속되다
강압
배타적
가중되다

정보 전달하는 글·주장하는 글

간헐적

어떤 일이 어느 정도의 시간 간격을 두고 되풀이하여 일어나는 것을 말해요. 비슷한 뜻을 가진 말로는 '주기적'이 있고, 반대의 뜻을 가진 말로는 '연속적', '지속적' 등이 있어요.

> 엄마는 호리호리한 몸매를 위해 간헐적 단식을 하셔.

호리호리하다 몸이 가늘고 날씬하다.
단식 일정 기간 동안 의식적으로 음식을 먹지 않음.

이행하다

어떤 일을 정한 대로 실제로 행하는 것을 말해요. 비슷한 뜻을 가진 말로 '실행하다', '실천하다', '지키다' 등이 있어요.

> 정치인들에게 기후 위기 관련 선거 공약을 이행하라고 촉구했다.

공약 정부나 정당, 입후보자 등이 어떤 일에 대해 국민에게 실행하겠다고 한 약속.
촉구하다 재촉하여 요구하다.

무관하다

서로 아무런 관계가 없는 것을 말해요. 서로 허물없이 가깝게 지낸다는 뜻도 가지고 있어요. 비슷한 뜻을 가진 말로는 '상관없다', '관계없다', '무관계하다' 등이 있고 반대말은 '유관하다' 예요.

> 물질적 풍요와 삶의 행복은 무관하다.

허물없이 서로 매우 친하여 체면을 차리거나 조심할 필요가 없이.
풍요 매우 많아 넉넉함.

신념

믿는 생각이라는 뜻으로, 어떤 사상이나 생각을 굳게 믿으며 그것을 실천하고 실현하려는 의지를 말해요.

> 남들이 뭐라 비난하든 학습 방법에 대한 내 신념을 유지하겠어.

비난하다 다른 사람의 잘못이나 결점에 대해 나쁘게 말하다.
유지하다 지탱하여 나가거나 이어 가다.

비난(非難)과 비판(批判)

비난은 남의 잘못이나 결점을 나무라며 나쁘게 말하는 것이고, 비판은 현상이나 사물의 옳고 그름을 판단하여 밝히는 것이에요. 비난이 상대에 대해 주관적 감정으로 헐뜯는 말이라면, 비판은 객관적 관점에서 대상의 가치를 판단하는 말이에요.

어휘력 체크

뜻풀이에 알맞은 단어를 쓰고, 아래 동그라미에 순서대로 글자를 써서 문장을 완성하세요.

최 비판하다	소 풍요	고 이행하다
주 유지하다	너 신념	야 무관하다
는 간헐적	했 공약	

㉠ 어떤 것에 대해 굳게 믿는 마음

㉡ 어느 정도의 시간 간격을 두고 되풀이하여 일어나는 것

㉢ 옳고 그름을 가려 평가하거나 잘못된 점을 말하다

㉣ 어떤 일을 실제로 행하다

㉤ 서로 아무런 관계가 없다

정답 ○ ○ ○ ○ ○

탐색왕 이안

○○월 ××일 △요일

나는 과학을 좋아한다.

궁금하거나 탐색을 해 보고 싶은 것이 있으면 관찰과 실험을 하곤 하는데, 오늘은 과일의 갈변 현상에 대해 실험해 보았다.

우선 갈변의 원인에 대한 가설을 세우고, 여러 가지로 조건을 다르게 하여 과일의 색 변화를 살펴보았다. 꼼꼼하게 분석을 해 본 결과, 과일은 산소와 접촉하면 색깔이 변한다는 결론을 도출할 수 있었다.

실험 과정을 '나만의 과학 노트'에 기록하는 것으로 실험 끝!

궁금했던 것이 해결되어 기분이 무척 좋다.

핵심단어: 탐색 가설 분석 도출하다

탐색

아직 드러나지 않은 사실이나 현상 등을 알아내기 위해 살피어 찾는 것을 말해요. 비슷한 뜻을 가진 말로 '탐구'가 있어요.

범인을 검거하기 위한 현장 탐문, 탐색이 시작되었다.

검거하다 범죄를 저질렀으리라 의심되는 사람을 잡아들이다.
탐문 이리저리 찾아다니며 묻거나 알아봄.

가설

어떤 사실을 설명하려고 임시로 세운 이론을 말해요. 가설이 관찰이나 실험을 통해 입증되면 이론이나 진리로 받아들여지게 돼요.

과학자들은 자신의 가설을 실험과 추론을 통해 증명하려 애쓴다.

추론 어떤 판단을 근거로 삼아 다른 판단을 이끌어 냄.
증명하다 어떤 것이 진실인지 아닌지 증거를 들어 밝히다.

추론의 방법 추론의 대표적인 방법으로 연역법과 귀납법이 있어요.

연역법 일반적인 원리를 바탕으로 구체적 사실을 추론하는 방법.
예) 모든 사람은 죽는다. 소크라테스는 사람이다. 그러므로 소크라테스는 죽는다.

귀납법 구체적인 사례들을 통해 일반적인 원리를 추론하는 방법.
예) 사람은 죽는다. 소도 죽는다. 상어도 죽는다. 참새도 죽는다. 그러므로 모든 동물은 죽는다.

분석

전체를 여러 부분으로 나누어 설명하는 것을 말해요. 복잡하게 구성된 어떤 대상이나 개념을, 그것을 구성하고 있는 단순한 요소로 분해하는 것을 말하지요.

우리 몸의 구조 분석을 통해 만들어진 인체 모형.

인체 사람의 몸.
모형 실물을 본떠서 만든 물건.

도출하다

밖으로 이끌어 낸다는 뜻으로, 어떤 방안이나 결론을 이끌어 내는 것을 말해요. '결론을 도출하다, 합의를 도출하다, 방법을 도출하다, 결과를 도출하다' 등으로 쓰여요.

저출산 문제에 대한 해결 방안을 조속히 도출해야 한다.

방안 어떤 문제를 해결하기 위한 방법이나 계획.
조속히 오래 걸리지 않도록 빠르게.

어휘력 체크

뜻풀이에 알맞은 단어를 골라 미로를 빠져나가 보세요.

출발

- 어떤 사실을 설명하려고 임시로 세운 이론 → 가설 / 연설
- 전체를 여러 부분으로 나누어 설명하는 것 → 분석 / 분류
- 실물을 본떠서 만든 물건 → 인형 / 모형
- 어떤 방안이나 결론을 이끌어 내다 → 산출하다 / 도출하다

도착

창출하다

이전에는 없던 것을 처음으로 생각하여 이루어 내거나 만들어 내는 것을 말해요. 비슷한 뜻을 가진 말로 '창조하다', '창안하다' 등이 있어요.

> 재즈는 흑인과 백인의 이질적인 음악을 융합하여 창출한 음악이다.

이질적 성질이 다른 것.
융합하다 둘 이상의 사물을 서로 섞거나 조화시켜 하나로 합하다.

증대

양이 늘거나 많아지는 것, 또는 규모가 커지는 것을 말해요. 비슷한 뜻을 가진 말로 '증가'가 있고, 반대의 뜻을 가진 말로 '저하', '감소' 등이 있어요.

> 천연 항생제 개발은 농가의 수익 증대에 한몫했다.

농가 농업으로 생계를 꾸려 가는 가정.
한몫하다 제 역할을 충분히 하다.

항(抗)- 일부 명사 앞에 붙어서 '그것에 저항하는'의 뜻을 더해 주는 접두사예요. 항노화, 항암, 항산성, 항균, 항염증, 항바이러스 등 다양한 말과 결합해 쓰여요.

상이하다

둘 이상의 것이 서로 다른 것을 말해요. 비슷한 뜻을 가진 말로 '판이하다', '다르다' 등이 있고, 반대의 뜻을 가진 말로 '동일하다', '같다' 등이 있어요.

> **상이한** 성격의 친구와도 우정을 지속할 수 있는 비결을 알려 줄게.

지속하다 끊이지 않고 오래 계속하거나 유지하다.
비결 남이 알지 못하는 자기만의 효과적인 방법.

저하되다

정도, 수준, 수치, 능률 등이 떨어져 낮아짐을 말해요. 자기 자신이 낮추어진다는 뜻도 있답니다. 반대의 뜻을 가진 말로 '증대되다', '증가되다' 등이 있어요.

> 연습 경기에서 연달아 패하자 선수들의 사기는 점점 **저하되었다**.

능률 일정한 시간에 할 수 있는 일의 비율.
사기 의욕이나 자신감이 가득하여 굽힐 줄 모르는 기세.

어휘력 체크

기사를 읽고 빈칸에 들어갈 알맞은 단어를 음절 상자에서 찾아 묶고 써 보세요.

바이러스의 확산세로 연장된 온라인 수업

온라인 수업이 길어지면서 학생들의 학력이 ㉠ ㅈ ㅎ 되는 것을 우려하는 교사와 학부모의 목소리가 커지고 있습니다. 그러나 학생들은 오히려 온라인 수업이 더 ㉡ ㄴ ㄹ 적이라고 말합니다. 디지털 기기 사용이 능숙하고 온라인 환경에 익숙한 학생들과 대면 수업이 익숙한 부모들의 상이한 입장 차를 엿볼 수 있습니다. 이러한 상황이 장기화될 것을 대비하여 학생들의 학습 능력 ㉢ ㅈ ㄷ 를 위한 효율적인 방안을 모색해야 할 것입니다.

속	세	모	늘	되	러
상	이	한	용	저	때
점	바	멈	이	하	오
스	부	예	업	교	히
증	대	인	학	부	능
환	차	지	추	다	률

정답 ㉠ _____ ㉡ _____ ㉢ _____

심사숙고하며 살자

책 제목	《몽실 언니》

전쟁을 배경으로 한 문학은 항상 마음을 아프게 한다.

권정생 선생님의 《몽실 언니》도 역시 그랬다.

자신보다 동생들의 삶을 중시했던 몽실 언니.

단언할 순 없지만, 부모의 죽음과 가난이라는 불가피한 상황이라 할지라도 모두 몽실 언니처럼 행동하진 못할 것이다.

주어진 상황에서 최선을 다해 살았던 몽실 언니를 보며

삶에서 무엇이 중요한지 심사숙고하며 살아야겠다는 생각이 들었다.

이렇게 좋은 책을 써 주신 권정생 선생님 고맙습니다.♥

 핵심 단어: 중시하다 단언하다 불가피하다 심사숙고하다

중시하다

매우 크고 중요하게 여기는 것, 소중하고 요긴하게 여기는 것을 말해요. 반대의 뜻을 가진 말로 '경시하다', '무시하다', '도외시하다' 등이 있어요.

사람들은 제각기 가장 중시하는 삶의 목표가 있다.

요긴하다 꼭 필요하다.
도외시하다 중요하지 않게 여겨 상관하지 않거나 무시하다.

단언하다

머뭇거리지 않고 딱 잘라서 말하는 것을 말해요. 비슷한 뜻을 가진 말로 '확언하다', '단정하다' 등이 있어요.

단언컨대, 최고의 인재는 바로 여러분입니다.

머뭇거리다 말이나 행동을 딱 잘라서 하지 못하고 자꾸 망설이다.
인재 재주나 능력, 학식 등이 뛰어난 사람.

-컨대 / -건대 모두 '-하건대'의 줄임말이에요. 어떤 것을 사용하는지는 '-하건대' 앞에 오는 글자에 따라 달라져요. '단언하건대, 원하건대, 맹세하건대, 비유하건대'처럼 앞에 모음이나 울림소리(ㄴ, ㄹ, ㅁ, ㅇ)가 오면 '단언컨대, 원컨대, 맹세컨대, 비유컨대' 형태로 줄여 쓸 수 있고, '요약하건대, 생각하건대, 짐작하건대'처럼 앞에 울림소리 이외의 자음이 오면 '요약건대, 생각건대, 짐작건대' 형태로 줄여 쓸 수 있어요.

불가피하다

피할 수 없는 것을 말해요. 피할 수 있는 방법이 없어 어쩔 수 없이 그렇게 하거나 따를 수밖에 없다는 뜻이에요.

> 미세 먼지가 심한 날, 외출이 불가피하다면 마스크를 꼭 착용하세요.

미세 눈에 보이지 않을 정도로 매우 가늘고 작음.
착용하다 몸에 무엇을 입거나 신거나 쓰거나 차다.

심사숙고하다

깊이 잘 생각하는 것, 신중하게 곰곰이 생각하는 것을 말해요. 비슷한 뜻을 가진 말로 '심사숙려하다', '심사묵고하다', '고찰하다' 등이 있어요.

> 자신이 하고 싶은 일이 무엇인지 심사숙고하여 진로를 결정하세요.

신중하다 가볍지 않고 매우 조심스럽다.
진로 앞으로 나아갈 길. 앞으로의 삶의 방향.

어휘력 체크

표시한 설명에 맞는 단어를 음절 구슬에서 찾아 빈칸에 써 보세요.

진 불 인 심 세 로 숙 다 용 사 재 하 미 고

㉠ 나는 무슨 일이든 **신중하게 깊이 생각하고** 행동하려고 노력하지.

㉠ ☐☐☐☐☐☐

㉡ 우리 아빠는 **재주나 능력, 학식 등이 뛰어난 사람**이다멍.

㉡ ☐☐

㉢ 오늘은 **눈에 보이지 않을 정도로 매우 가늘고 작은** 먼지의 농도가 높대.

㉢ ☐☐

㉣ 앞으로 나아갈 길이나 **삶의 방향**을 지금 당장 결정할 필요는 없어요.

㉣ ☐☐

111

신장

사람이나 일, 세력이나 권리 등이 전보다 더 커지거나 늘어난 것을 말해요. '신장하다', '신장시키다', '신장되다' 등의 형태로 파생되어 쓰여요.

학생에 따른 맞춤형 교육은 학업 성취도 신장에 도움이 된다.

파생되다 사물이나 현상이 어떤 근원으로부터 갈려 나와 생기게 되다. 단어에 접사가 결합하여 새로운 단어가 만들어지다.
성취도 목적한 바를 이루어 낸 정도.

인지하다

분명하게 인식하여 아는 것을 말해요. 비슷한 뜻을 가진 말로 '의식하다', '지각하다', '인식하다', '알다' 등이 있어요.

안내견은 위험 상황을 인지할 수 있는 훈련을 한다.

인식하다 사물을 분별하고 판단하여 알다.
안내견 시각 장애인의 안전한 보행을 돕고 보호하기 위하여 특별한 훈련을 받은 개.

간파하다

깨뜨려서 본다는 뜻으로, 드러나지 않은 일이나 숨겨진 마음 등을 눈치나 짐작으로 꿰뚫어 보는 것을 말해요. 비슷한 뜻을 가진 말로 '알아채다'가 있어요.

> 눈치 빠른 반장은 선생님 말씀의 의도를 단번에 간파했다.

짐작 사정이나 형편 등을 어림잡아 헤아림.
단번에 단 한 번에.

신속하다

매우 날쌔고 빠른 것을 말해요. 비슷한 뜻을 가진 말로 '날쌔다', '잽싸다' 등이 있고, 반대의 뜻을 가진 말로 '느리다', '완만하다' 등이 있어요.

> 화재가 발생하자 소방관은 주민들을 신속하게 대피시켰다.

날쌔다 동작이 날래고 재빠르다.
대피시키다 위험이나 피해를 입지 않도록 피하게 하다.

어휘력 체크

대화에 들어갈 알맞은 단어를 골라 써 보세요.

신장　　단번에　　인지하다　　안내견　　날쌔다

인식하다　　짐작　　대피시키다　　성취도

아빠가 사 오신 생일 선물이 과학 상자라는 걸 뜯어 보지도 않고 어떻게 ㉠ □□□ 알았어?

며칠 전부터 자꾸 장래의 꿈에 대해 물으시더라고. 수상하잖아. 그래서 아빠의 마음을 ㉡ □□ 했지.

그래서 현관문 소리가 들리자마자 그렇게 후다닥 뛰어나간 거구나? 그럴 땐 정말 ㉢ □□□ !

에이, 그건 선물 때문이 아니라 하루 종일 고생하신 아빠를 맞이하는 아들의 올바른 자세지!

정답 ㉠ _____　㉡ _____　㉢ _____

갈매기의 거시적 안목

책 제목	《갈매기의 꿈》

《갈매기의 꿈》은 나에게 많은 교훈을 준 책이다.

다른 갈매기들이 단지 먹이를 구하기 위해 하늘을 나는 것과 달리

조나단은 나는 것 자체를 사랑한 갈매기였다.

자신의 한계에 부딪히고, 동료들에게 배척을 당할 때에도

더 빠르고 더 멋지게 날고 싶은 꿈을 위해 일관성 있게 노력했다.

나는 조나단이 거시적 안목을 가진 존재라고 생각한다.

갈매기의 본성이 결여가 된 게 아니라 꿈을 가진 존재였다.

나도 조나단처럼 '높이 날아서 멀리 보는' 사람이 되고 싶다.

핵심 단어: 배척   일관성   거시적   결여

배척

밀쳐서 물리친다는 뜻으로, 반대하거나 거부해 밀어 내치거나 내침을 당하는 것을 말해요. 비슷한 뜻을 가진 말로 '배격', '배제', '배타' 등이 있어요.

> 비윤리적 기업의 상품 배척 운동에 많은 사람이 동참했다.

내치다 내쫓거나 물리치다.
비윤리적 사람이 마땅히 지켜야 할 도리나 규범을 따르지 않는 것.

일관성

일관은 하나로 꿴다는 뜻으로, 태도나 방법 등이 처음부터 끝까지 변함없이 한결같은 성질을 일관성이라고 해요.

> 교장 선생님은 학교 폭력 예방에 대한 견해를 일관성 있게 주장했다.

견해 어떤 사물이나 현상에 대한 자기의 생각이나 의견.

꿰다의 다양한 의미
- 어떤 일의 내용이나 사정을 자세하게 다 알다. 예) 그 사람 사정을 훤히 꿰고 있어.
- 한쪽에서 다른 쪽으로 나가게 하다. 예) 바늘에 실을 꿰었다.
- 연결되도록 구멍이나 틈을 내어 엮다. 예) 구슬을 꿰어 만든 목걸이.
- 몸이나 발에 걸치거나 신다. 예) 신발만 겨우 꿰고 도망 나왔어.

거시적

어떤 대상을 전체적으로 분석하여 파악하는 것을 말해요. 반대로 어떤 대상을 개별적이고 부분적으로 분석하고 파악하는 것은 '미시적'이라고 해요.

> 다가올 미래를 거시적 안목으로 바라봐야 해.

파악하다 어떤 대상의 본질이나 내용을 확실하게 이해하여 알다.
안목 사물의 좋고 나쁨이나 가치 등을 분별하는 능력.

결여

있어야 할 것이 빠져서 없거나 모자란 것을 말해요. 비슷한 뜻을 가진 말로 '결핍', '부족', '누락' 등이 있고, 반대의 뜻을 가진 말로 '완전', '충분' 등이 있어요.

> 똘이는 외모로 인한 자신감 결여로 대중 앞에 서는 것이 두렵다.

대중 수많은 사람의 무리.
두렵다 어떤 대상을 무서워하여 마음이 불안하다.

어휘력 체크

문장에 들어갈 알맞은 단어를 골라 써 보세요.

《왜 세계의 절반은 굶주리는가?》로 독서 일지 쓰기

책을 선택한 이유	㉠ ☐☐ 들에게 알려져 있는 유명한 책이라 내용이 궁금했다. 전 세계적으로 기아 문제가 심각한 이유가 무엇인지 알고 싶었다.
인상 깊은 문장이나 장면	아이들에게 일부러 먹을 것을 안 주는 것보다 더 나쁜 것은 없어요!
책을 읽으면서 생긴 질문	- 자신의 이익을 위해서라면, 하지 말아야 할 ㉡ ☐☐☐☐ 인 행동도 서슴지 않고 할 수 있는 걸까? - ㉢ ☐☐☐ 있는 식량 문제 해결 방법은 무엇일까?
새롭게 알게 된 것이나 깨달은 점	아무도 굶지 않는 세상을 만들기 위해서는 기아 문제의 발생 원인에 대한 ㉣ ☐☐☐ 안목을 가져야 한다는 것을 깨달았다.

거시적	배척	꿰다	안목
파악하다	일관성	결여	대중
비윤리적	견해	내치다	두렵다

119

급식 메뉴 유추하기

오늘 급식 메뉴는 분명히 모두들 맛없어 할 거야.

어떤 논거로 그렇게 확신하는 거야?

그동안 나온 급식을 분류하고 분석해 본 결과, 오늘은 생선이 나온다는 걸 유추할 수 있었지.

네가 생선을 싫어한다고 다른 애들도 맛없어 할 거라는 건 사실에 대한 왜곡 아냐?

아무튼 난 오늘은 급식 안 먹을 거야.

오늘의 메뉴
• 생선가스 • 북…

역시 튀기면 뭐든 맛있어!

그럼 그렇지.

 핵심 단어 — 논거 분류하다 유추하다 왜곡

논거

주장이나 이론을 뒷받침하는 근거를 말해요. 주장하는 말을 하거나 글을 쓸 때는 그것이 옳은 주장이라는 것을 뒷받침할 수 있는 타당한 논거가 있어야 상대방을 설득할 수 있어요.

> 독도가 우리 땅이라는 주장에 대한 논거는 아주 많습니다.

뒷받침하다 뒤에서 지지하고 도와주다.
타당하다 일의 이치에 맞고 옳다.

분류하다

어떤 대상을 종류별로 나누는 것을 말해요. 사물이나 개념을 명확히 나누어 체계를 세우는 것을 뜻하기도 해요. 비슷한 뜻을 가진 말로 '구별하다', '구분하다', '분별하다' 등이 있어요.

> 정원에 피어 있는 꽃을 색깔별로 분류해 보자.

정원 집 안의 뜰이나 꽃밭.
색깔 물체가 빛을 받을 때 빛의 파장에 따라 물체 표면에 나타나는 특유의 빛.

분류의 기준 어떤 것을 분류할 때에는 기준이 있어야 하는데, 분류 기준은 정확하게 나눌 수 있는 것이어야 해요. 예를 들어 '동물과 식물'은 분류 기준이 될 수 있지만, '비싼 것과 싼 것'과 같이 사람에 따라 다르게 판단할 수 있는 것은 분류 기준이 될 수 없어요.

유추하다

비슷한 것에 기초하여 다른 사물을 미루어 추측하는 일을 말해요. 두 개의 사물이 몇몇 성질을 공통으로 가질 때, 한쪽이 어떤 성질을 가지고 있으면 다른 쪽도 그와 같은 성질을 가질 것이라고 추리하는 것이에요.

> 항공기와 선박이 물고기와 비슷한 모양인 이유를 유추해 보자.

항공기 사람이나 물건을 싣고 공중을 비행하는 기계를 통틀어 이르는 말.
선박 사람이나 물건을 싣고 물 위를 떠다니도록 만든 물건.

왜곡

사실과 달리 그릇되게 하거나 진실과 다르게 해석하는 것을 말해요. 비슷한 뜻을 가진 말로 '날조', '조작' 등이 있어요.

> 독도에 대한 일본의 역사 왜곡은 우리 국민의 분노를 야기했다.

그릇되다 올바르지 않거나 나쁘다. 어떤 일이 사리에 맞지 않다.
야기하다 일이나 사건 등을 끌어내어 일으키다.

어휘력 체크

뜻풀이에 알맞은 단어를 쓰고 선으로 이어 보세요.

㉠ 주장이나 이론을 뒷받침하는 근거

㉡ 사실과 달리 그릇되게 하거나 진실과 다르게 해석하는 것

㉢ 사람이나 물건을 싣고 공중을 비행하는 기계

㉣ 대상을 기준을 가지고 종류별로 나누다

ㄱ   ㄴ   ㄷ   ㄹ

선으로 잇는 건 식은 죽 먹기!

논거   분류하다   항공기   왜곡

병행

어떤 것이 다른 무엇과 나란히 함께 가거나, 두 가지 이상의 일을 한꺼번에 하는 것을 말해요. 비슷한 뜻을 가진 말로 '병렬', '평행', '병립' 등이 있어요.

공부와 아르바이트 병행은 상당히 고되다.

상당히 어지간히 많이. 적지 않게.
고되다 어렵고 힘들다.

소요되다

돈이나 시간, 노력 등 어떤 것이 쓰이거나 요구되는 것을 말해요. 비슷한 뜻을 가진 말로 '들다', '걸리다' 등이 있어요.

마라톤을 완주하는 데 4시간 넘는 시간이 소요되었다.

마라톤 육상 경기에서 길이가 가장 긴 달리기 경주. 42.195km의 거리를 달려 그 소요 시간을 겨루는 경기.
완주하다 목표 지점까지 끝까지 달리다.

완(完) '완'은 '빠지거나 모자람이 없음'의 뜻을 가지고 있는 말이에요. 완비(빠진 것 없이 완전히 준비하여 갖춤), 완불(돈 등을 남김없이 완전히 지불함), 완결(완전히 끝을 맺음), 완치(병을 완전히 고침) 등이 있어요. 이외에도 완주, 완전, 완벽, 완성, 완승, 완패, 완결, 완창, 완수 등 '완'이 들어가는 다양한 말이 있어요.

실효성

어떤 일의 결과나 대상이 실제로 효과를 나타내는 성질을 말해요. 실효는 '실제로 나타나는 효과'라는 뜻인데, 비슷한 뜻을 가진 말로 '효력'이 있어요.

> 학교 폭력 대책의 실효성에 대해 논란이 많다.

대책 어떤 일에 대처할 계획이나 수단, 방법.
논란 어떤 대상이나 소재에 대하여 이러니저러니 서로 다르게 주장하며 다툼.

동원하다

일정한 목적을 달성하기 위하여 사람을 모으거나 물건, 수단, 방법 등을 한곳에 집중시키는 것을 말해요.

> 산불 진화를 위해 소방차 100여 대를 긴급 동원하였다.

달성하다 뜻한 바를 이루어 목적에 다다르다.
진화 불이 난 것을 끔.

어휘력 체크

그림과 뜻풀이를 보고 빈칸에 알맞은 단어를 써 보세요.

㉠  ☐☐☐   ㉡ ☐☐

㉢  ☐☐   ㉣ ☐☐☐

㉠ 육상 경기에서 뛰는 길이가 가장 긴 달리기 경주
㉡ 불이 난 것을 끔
㉢ 나란히 함께 가거나 둘 이상의 일을 한꺼번에 하는 것
㉣ 어렵고 힘들다

탁월하다

남보다 두드러지게 뛰어난 것을 말해요. 비슷한 뜻을 가진 말로 '월등하다', '우수하다', '출중하다', '특출하다' 등이 있고, 반대의 뜻을 가진 말로 '열등하다', '부족하다' 등이 있어요.

새로 나온 소화제는 소화 불량에 탁월한 효능이 있다.

두드러지다 눈에 띄게 뚜렷하다.
효능 좋은 결과나 능력.

필연적

반드시 그렇게 될 수밖에 없는 것을 말해요. 반대의 뜻을 가진 말은 '우연적'이에요.

항생제 남용은 필연적으로 항생제에 대한 내성을 키울 것이다.

남용 일정한 기준이나 한도를 넘어서 함부로 씀.
내성 약물의 반복 복용으로 인해 약효가 저하되는 현상. 병을 일으키는 세균 등의 생물체가 어떤 약물에 대해 가지는 저항 현상.

'내성'의 다양한 뜻

내성은 한자에 따라 다양한 뜻이 있어요. '내성(內省)'은 '자신을 돌이켜 보고 살핌. 겉으로 드러내지 않고 속으로 생각함'이라는 뜻이에요. '내성(耐性)'은 '약물이나 환경에 견디고 저항함'이라는 뜻이에요. '내성(內城)'은 '이중으로 쌓은 성에서 안쪽에 있는 성'을 뜻하지요.

현저하다

뚜렷이 드러나 분명한 것을 말해요. 비슷한 뜻을 가진 말로 '두드러지다', '분명하다', '명료하다' 등이 있어요.

> 한강 정화 운동이 진행되면서 수질이 현저하게 좋아졌다.

정화 더러운 것을 없애 깨끗하게 함.
수질 물의 오염도나 성분, 빛깔, 맛 등의 성질.

기인하다

어떠한 것에 원인을 두어 일이 일어나는 것을 말해요. 비슷한 뜻을 가진 말로 '말미암다'가 있어요.

> 얼마 전 일어난 산사태는 무분별한 벌목으로부터 기인한 결과이다.

무분별하다 사리에 맞게 판단하고 구별하는 능력이 없다.
벌목 산이나 숲의 나무를 벰.

어휘력 체크

초성을 보고 문장에 들어갈 알맞은 단어를 빈칸에 써 보세요.

- 환경 오염과 기후 위기는 인간의 이기적인 행동에 대한 ㅍㅇㅈ인 결과이다.

  ㉠ ☐☐☐

- 살충제를 자주 사용하면 해충에게도 ㄴㅅ이 생긴다.

  ㉡ ☐☐

- 아름다운 풍경을 바라보니 눈도 마음도 ㅈㅎ가 된다.

  ㉢ ☐☐

- 청정 지역 약수는 ㅅㅈ이 좋아 많은 사람이 찾습니다.

  ㉣ ☐☐

- 오빠는 작곡 능력뿐만 아니라 악기도 잘 다루어 연주 실력이 ㅌㅇㅎㄷ.

  ㉤ ☐☐☐☐

강압은 싫어

○○월 XX일 △요일

나는 지금 사춘기일까?

요즘 나는 누군가에게 **종속된** 존재가 아니라는 생각이 든다.

무슨 일이든 **강압**이 아닌 자율로 하고 싶다.

그리고 나와 생각이 다른 사람은 **배타적**으로 대하게 된다.

공부에 대한 부담감이 점점 **가중되는** 것 같아

자꾸 짜증이 나고 방문을 닫고 싶어진다.

이런 것들이 사춘기 증상일까?

이런 고민조차도 짜증 나고 자꾸 나 자신이 미워진다.

핵심단어: 종속되다 · 강압 · 배타적 · 가중되다

종속되다

자주성이 없이 다른 것에 딸려 있거나 좌우되는 것을 말해요. 비슷한 뜻을 가진 말로 '예속되다', '부속되다' 등이 있고, 반대의 뜻을 가진 말로 '독립되다'가 있어요.

식민지는 다른 나라에 종속된 나라를 말한다.

자주성 스스로 일을 처리할 수 있는 능력이나 성질.
딸리다 어떤 것에 속하거나 붙어 있다.

강압

강한 힘이나 권력으로 강제로 억누르는 것을 말해요. 비슷한 뜻을 가진 말로 '강제', '압박', '억압', '강박' 등이 있어요.

상대방을 배려하지 않는 강압과 명령은 역효과를 불러온다.

권력 남을 자기 뜻대로 움직이거나 지배할 수 있는 힘.
억누르다 자유롭게 행동하지 못하도록 힘을 가하다.
역효과 기대했던 바와 정반대가 되는 결과.

역(逆)- '반대되는' 또는 '차례나 방법이 뒤바뀐'이라는 뜻을 가진 접두사예요. 역방향, 역효과, 역이용, 역공격, 역광선, 역주행, 역질문, 역수출, 역차별 등과 같이 다양한 단어와 결합해 쓰여요.

배타적

남을 배척하는 것을 말해요. 한 개인이나 집단의 입장에 서서 그 외의 사람이나 집단은 제외하거나 밀어낸다는 뜻이에요. 자신이나 집단의 판단 외에 다른 사람의 간섭을 허용하지 않는다는 뜻도 있어요.

> 다른 문화에 대한 **배타적**인 태도는 바람직하지 않다.

제외하다 따로 떼어 내어 한곳에 놓지 않는다.
허용하다 허락하여 받아들이다.

가중되다

책임이나 부담 등을 더욱 크게 하거나, 어려운 상태를 더 심해지게 하는 것을 말해요. 비슷한 뜻을 가진 말로 '부담되다', '중첩되다' 등이 있고, 반대의 뜻을 가진 말로 '경감되다'가 있어요.

> 잦은 시험으로 학생들의 스트레스가 **가중되고** 있습니다.

부담 어떤 의무나 책임을 짐.
잦다 잇달아 자주 있다. 거듭되는 간격이 매우 짧다.

어휘력 체크

뜻풀이에 해당하는 단어를 쓰고, 단어가 들어가는 짧은 글을 지어 보세요.

① 강한 힘이나 권력으로 강제로 억누르는 것

② 어떤 의무나 책임을 짐

③ 남을 자기 뜻대로 움직이거나 지배할 수 있는 힘

④ 따로 떼어 내어 한곳에 놓지 않는다

⑤ 남을 배척하는 것

<짧은 글 짓기>

①

②

③

④

⑤

4장

문법·말하기와 쓰기

개요
출처
맥락
재구성하다
품사
부사
관형사
형용사
언어의 사회성
언어의 역사성
준언어
비언어
공감
분열
상충
점진적
거센소리
된소리
예사소리
순화
전개되다
효율적
방안
성립
면담

의사소통
경청하다
담화
음운
체언
용언
가변어
고유어
외래어
동음이의어
언어유희
합리적
본질
협상
해소

맥락이 중요해

○○월 XX일 △요일 ☀ ☁ ☂

국어 시간에 글쓰기에 대해 배웠다.

글을 쓸 때는 목적과 주제를 정하고 쓸 내용을 떠올린 후, 개요를 짜서 내용을 정리하고, 글을 쓴 다음 고쳐쓰기를 하면 된다.

만약 다른 사람의 글이나 말을 인용한다면 출처를 밝혀야 한다.

그리고 전체적인 맥락에서 벗어나는 내용은 없는지도 살펴야 한다.

많이 읽고 많이 써 보는 것이 글쓰기 능력을 키우는 좋은 방법이다.

배운 내용을 이렇게 다시 재구성해 보니 이해가 쏙쏙!

왠지 앞으로 엄청난 글을 쓸 것만 같은 이 예감은 뭐지?

   개요   출처   맥락   재구성하다

개요

중요한 내용의 요점을 간추린 것을 말해요. 글쓰기에서 개요는 중심 내용과 세부 내용을 바탕으로 쓸 내용과 순서를 정하는 것인데, 집을 지을 때의 설계도와 같은 역할을 해요.

담당 형사는 사건의 개요와 지금까지의 수사 상황을 발표했다.

간추리다 골라서 간략하게 정리하다.
세부 아주 작고 자세한 부분.

출처

사물이나 말 등이 생기거나 나온 곳을 말해요. 다른 사람의 말이나 글, 사진 등과 같은 정보를 인용할 때에는 누구의 것인지, 어디에서 가져온 것인지 출처를 밝혀야 해요.

그 아이에 대한 출처를 알 수 없는 소문이 교내에 파다했다.

인용하다 남의 말이나 글을 자신의 말이나 글에 끌어 쓰다.
파다하다 소문 등이 널리 퍼져 있다.

맥락

어떤 일이나 사물이 서로 연관되어 이루는 줄거리를 말해요. 글을 읽을 때나 말을 할 때, 단어나 문장을 그 자체로 이해하는 것도 중요하지만 맥락을 고려하여 이해하는 것도 중요해요. 같은 말도 맥락에 따라 다른 의미로 쓰일 수 있기 때문이에요.

> 증인의 진술은 앞뒤 **맥락**이 맞지 않아 신빙성이 없다.

줄거리 군더더기를 뺀 핵심이 되는 대략적인 내용.
신빙성 믿어서 근거나 증거로 삼을 수 있는 정도나 성질.

재구성하다

한 번 구성했던 것을 부분이나 요소를 다시 배열하여 새롭게 구성하는 것을 말해요. 비슷한 뜻을 가진 말로는 '재편성하다', '재조직하다' 등이 있어요.

> 《토끼전》을 현대적으로 **재구성한** 연극이 상연되고 있다.

배열하다 일정한 차례나 간격에 따라 벌여 놓다.
상연되다 무대나 극장에서 관객에게 보여지다.

재(再)- 다른 단어와 결합하여 '다시 하는' 또는 '두 번째'라는 뜻을 더해 주는 접두사예요. 재시험, 재교육, 재가공, 재가열, 재가동, 재감염, 재배열, 재개봉 등 다양한 단어와 결합해 쓰인답니다.

어휘력 체크

뜻풀이에 알맞은 단어를 쓰고, 아래 동그라미에 순서대로 글자를 써서 문장을 완성하세요.

우 맥락	리 개요	방 재구성하다
소 출처	강 세부	들 줄거리
중 인용하다	한 간추리다	학 신빙성

㉠ 사물이나 말 등이 생기거나 나온 곳

㉡ 남의 말이나 글을 자신의 말이나 글에 끌어다 쓰다

㉢ 골라서 간략하게 정리하다

㉣ 일이나 사물이 서로 연관되어 이루는 줄거리

㉤ 글쓰기에서 쓸 내용과 순서를 정해 놓은 것

㉥ 군더더기를 뺀 핵심이 되는 대략적인 내용

정답 ○ ○ ○ ○ ○ ○

품사

단어를 공통된 성질을 가진 것끼리 나누어 놓은 갈래를 말해요. 국어는 '명사, 대명사, 수사, 동사, 형용사, 관형사, 부사, 조사, 감탄사'의 9개 품사로 나뉘어요.

어휘를 품사별로 정리한 사전이 필요해.

수사 사물의 수량이나 순서를 나타내는 말.
동사 사람이나 사물의 움직임이나 작용 등을 나타내는 말.

언어에 따라 다른 품사

영어의 품사는 '명사, 대명사, 동사, 형용사, 부사, 전치사, 접속사, 감탄사'로 8개, 프랑스어의 품사는 '명사, 대명사, 관사, 형용사, 동사, 부사, 접속사, 전치사, 감탄사'로 9개예요. 또, 이름이 같아도 다른 성질의 품사도 있답니다.

부사

문장에서 주로 동사와 형용사를 꾸며 주는 역할을 하는 품사를 말해요. 동사와 형용사 외에도 관형사, 다른 부사, 문장 전체를 꾸며 주기도 해요.

대화할 때 '솔직히'라는 부사를 많이 쓰는 사람은 진정성이 없어 보이더라.

솔직히 거짓이나 꾸밈이 없고 바르게.
진정성 진실하고 참된 성질.

관형사

문장에서 명사, 대명사, 수사와 같은 체언을 꾸며 주는 역할을 하는 품사를 말해요. 어떤 의미로 꾸며 주느냐에 따라 성상 관형사, 지시 관형사, 수 관형사로 나뉘어요.

> 수사와 달리 수 관형사는 조사와 결합할 수 없다.

성상 사람의 성질과 행실, 사물의 성질과 상태를 아울러 이르는 말.
지시 어떤 것을 가리켜 보이거나 일러서 시킴.

형용사

사람이나 사물의 성질과 상태를 나타내는 말이에요. 형용사와 동사는 '용언'이라 하고, 문장에서 주어를 서술하는 역할을 해요.

> 동사와 달리 형용사는 명령형과 청유형을 사용할 수 없다.

명령 무엇을 하도록 시킴.
청유 자기와 어떤 행동을 함께 할 것을 요청함.

문장의 종결(끝맺음) 형태
평서문 사건이나 상황을 기술하는 문장. 예) 노래를 부른다.
명령문 무엇을 하도록 시키는 문장. 예) 노래를 불러라.
의문문 질문하여 대답을 얻고자 하는 문장. 예) 노래를 불렀니?
청유문 함께 행동할 것을 요청, 제안하는 문장. 예) 노래를 부르자.
감탄문 감정이나 느낌을 표현한 문장. 예) 노래를 부르는구나!

어휘력 체크

뜻풀이에 알맞은 단어를 골라 미로를 빠져나가 보세요.

출발

문장에서 체언을 꾸며 주는 역할을 하는 말
→ 부사
← 관형사

→ 명령
→ 청유

자기와 어떤 행동을 함께 할 것을 요청함

사람이나 사물의 성질과 상태를 나타내는 말

→ 형용사
← 동사

거짓이나 꾸밈이 없이 바르게

← 분명히
← 솔직히

도착

강지의 준언어 수업

언어에 대하여
오늘 수업은 나의 명품 연기로 알려 주겠다멍.

언어의 사회성
야옹야옹~~
쟤 뭐야!

언어의 역사성
몽 (1000년 전)
몽멍 (100년 전)
멍멍 (현재)

비언어

준언어
- 멍멍멍 — 화남
- 멍멍멍 — 겁먹음
- 머어엉 머엉 — 졸림, 귀찮음
- 멍멍멍 — 반가움, 재촉

오늘의 수업 끝이다멍!

핵심 단어: 언어의 사회성, 언어의 역사성, 준언어, 비언어

언어의 사회성

언어에서 소리와 의미의 관계는 사회적으로 약속한 것이기 때문에 개인이 마음대로 바꿀 수 없다는 것을 말해요. 예를 들어 '비가 올 때 머리 위로 쓰는 물건'을 '장갑'이라고 부른다면 언어의 사회성을 어기는 거예요.

《프린들 주세요》는 언어의 사회성을 소재로 한 스테디셀러이다.

어기다 지키지 않다.
스테디셀러 오랜 기간 꾸준히 잘 팔리는 책.

언어의 역사성

언어가 생성, 성장, 소멸을 하며 끊임없이 변화하는 것을 말해요. 언어는 예전에 사용하던 말이 없어지기도 하고 의미나 형태가 바뀌기도 하고 새로운 말이 생겨나기도 하는데, 이런 특징을 언어의 역사성이라고 해요.

언어의 역사성은 모든 언어의 공통된 성질이다.

생성 이전에 없던 사물이나 성질이 새로 생겨남.
소멸 사라져 없어짐.

고전 문학에 자주 나오는 순우리말

미리내-은하수 **미르**-용 **즈믄**-천(千) **누리**-세상 **뫼**-산 **가멸다**-부유하다
도롱이-비옷 **괴다**-사랑하다 **가시버시**-부부 **벗**-친구 **노고지리**-종다리(종달새)

준언어

의사나 감정을 나타낼 때 언어적 표현과 함께 이루어지는 음성적 효과로, 말의 속도, 크기, 억양, 침묵 등을 말해요. '반언어'라고도 해요.

> 과학자들은 준언어도 자유롭게 구사하는 로봇 개발에 힘쓰고 있다.

의사 무엇을 하고자 하는 생각.
억양 말을 할 때 소리의 높낮이에 변화를 주는 일.

비언어

음성 이외의 동작 언어로, 의사나 감정을 전달하기 위해 사용하는 손짓이나 몸짓, 표정 등의 모든 신체 동작을 말해요.

> 개그맨들은 언어뿐만 아니라 요란한 비언어로 사람들을 웃긴다.

개그맨 우스갯소리를 하며 사람들을 즐겁게 하는 일을 직업으로 하는 사람.
요란하다 지나칠 정도로 야단스럽다. 시끄럽고 떠들썩하다.

어휘력 체크

기사를 읽고 빈칸에 들어갈 알맞은 단어를 음절 상자에서 찾아 묶고 써 보세요.

시대의 흐름인가, 언어 파괴인가

민초파, 무야호, 전공, 많관부, 머선 129, 내돈내산, 온클. 요즘 유행하고 있는 신조어, 여러분은 얼마나 알고 계신가요? 하루에도 수십 개의 신조어가 ㉠ ㅅ ㅅ 되고 오래가지 않아 ㉡ ㅅ ㅁ 되는 등, 언어가 빠르게 변화하고 있습니다. 신조어가 재치 있고 경제적인 표현이라는 긍정적 시각도 있지만, 언어는 사회적 약속이라는 언어의 ㉢ ㅅ ㅎ ㅅ 을 무시한 현상에 대해 우려하는 목소리도 있습니다. 시간에 따라 변하는 언어의 ㉣ ㅇ ㅅ ㅅ 으로 받아들여야 할까요, 지나친 언어 파괴 현상으로 받아들여야 할까요?

언	어	강	사	회	성
생	성	습	신	빠	보
긍	현	의	영	히	유
파	급	상	역	주	기
행	소	철	손	사	만
호	멸	안	학	민	성

정답 ㉠_____ ㉡_____ ㉢_____ ㉣_____

공감하는 사이

쌍둥이로 태어난 우린 필연적으로 함께할 수밖에 없는 사이.

팔 아프겠다.
다리 저리겠다.

때론 **공감**을

햄버거
피자

때론 **분열**을

때론 **조화**를

때론 **상충**을

모든 것을 함께하며 **점진적**으로 성장해 가는 우리는 남매!

핵심 단어: 공감 분열 상충 점진적

공감

다른 사람의 주장이나 감정, 생각 등에 찬성해 자기도 그렇다고 느끼는 것을 말해요. 비슷한 뜻을 가진 말로 '동감'이 있어요.

부모를 여읜 소년의 슬픈 사연에 사람들은 공감과 위로를 보냈다.

여의다 부모나 사랑하는 사람이 죽어서 이별하다.
사연 일의 앞뒤 사정이나 그 내용.

분열

하나로 존재하던 사물이나 집단, 사상 등이 갈라져 나뉘는 것을 말해요. 원자핵이 방사능과 열을 방출하면서 쪼개지는 현상, 사람이나 자동차 등이 나뉘어 늘어선 것을 뜻하기도 해요.

갈등과 분열을 극복하고 남북이 하루빨리 통일되길 기원합니다.

극복하다 어렵고 힘들거나 좋지 않은 상태나 상황을 노력으로 이겨 내다.
기원하다 기대하고 바라다. 바라는 일이 이루어지기를 빌다.

상충

서로 맞지 않아 충돌을 일으키거나 어긋나는 것을 말해요. 비슷한 뜻을 가진 말로는 '상극', '배치' 등이 있고, 반대의 뜻을 가진 말로는 '조화', '상생' 등이 있어요.

> 개발과 환경 보호는 **상충** 관계일 수밖에 없다.

어긋나다 맞지 않거나 벗어나다.
개발 새로운 것을 만들어 냄. 자원이나 환경을 쓸모 있게 만듦.

점진적

점차로 조금씩 앞으로 나아가는 것을 말해요. 비슷한 뜻을 가진 말로는 '차차', '차츰' 등이 있고, 반대의 뜻을 가진 말로는 '급진적'이 있어요.

> 나는 급진적인 변화보다는 **점진적**인 변화가 낫다고 생각해.

급진적 변화나 발전이 급하게 이루어지는 것.
낫다 더 좋거나 앞서 있다.

'조금씩'의 뜻을 가진 말
차차 상태나 정도가 일정한 방향으로 조금씩 진행되는 모양.
차츰 '차차'와 같은 의미.
점점 조금씩 더하거나 덜해지는 모양.
점차 시간이나 차례에 따라 조금씩.
시나브로 모르는 사이에 조금씩 조금씩.

어휘력 체크

표시한 설명에 맞는 단어를 음절 구슬에서 찾아 빈칸에 써 보세요.

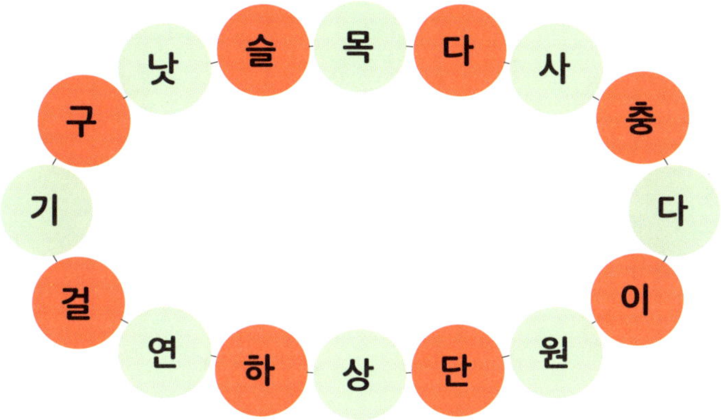

구 낫 슬 목 다 사
기   충
걸   다
   연 하 상 단 원 이

할머니가 생일 선물로 더 좋거나 앞서 있는 신형 게임기를 사 주신대.
㉠ ☐☐

내가 아빠에게 입양된 앞뒤 사정이나 내용은 무척 감동적이다멍.
㉡ ☐☐

이안이랑 나는 서로 맞지 않아 충돌을 일으키거나 어긋날 때도 있어.
㉢ ☐☐

모두가 행복하게 살기를 나는 매일 기대하고 바란다.
㉣ ☐☐☐☐

거센소리

공기를 세게 내뿜어 숨이 거세게 나오는 자음을 말해요. '격음'이라고도 하는데, 국어의 거센소리에는 'ㅋ', 'ㅌ', 'ㅍ', 'ㅊ'이 있어요.

외국인 친구에게 거센소리의 정확한 발음을 가르쳐 주었다.

내뿜다 속에 있는 것을 밖으로 향하여 세차게 밀어내다.
정확하다 바르고 확실하다.

자음과 모음 자음은 소리를 낼 때 목, 입, 혀와 같은 발음 기관에 의해 장애를 받고 나는 소리로 'ㄱ, ㄴ, ㄷ, ㄹ, ㅁ, ㅂ' 등을 말해요. 모음은 소리를 낼 때 소리가 나오는 통로가 좁아지거나 막히거나 하는 등의 장애를 받지 않고 나는 소리로 'ㅏ, ㅓ, ㅗ, ㅜ, ㅡ, ㅣ' 등을 말해요.

된소리

조음 기관에 강한 근육 긴장을 일으켜 발음하는 자음을 말해요. 국어의 된소리에는 'ㄲ', 'ㄸ', 'ㅃ', 'ㅆ', 'ㅉ'이 있어요.

중세 국어 시기에 된소리가 등장해 점차 발달했다.

조음 기관 음을 만들어 내는 발음 기관을 통틀어 이르는 말. 입술, 이, 잇몸, 입천장, 혀, 목구멍 등.
중세 국어 고려가 건국된 10세기 초부터 임진왜란이 발생한 16세기 말까지의 국어.

예사소리

구강 내부에 힘이 조금 들어가서 약하게 숨을 내쉴 때 발음되는 자음을 말해요. 국어의 예사소리에는 'ㄱ', 'ㄷ', 'ㅂ', 'ㅅ', 'ㅈ'이 있어요.

> 된소리나 거센소리는 예사소리보다 크고 무겁고 단단한 느낌을 준다.

구강 입에서 목구멍까지의 빈 곳.
내쉬다 숨을 밖으로 내보내다.

순화

복잡한 것을 단순하게 하거나 불순한 것을 없애고 순수한 것이 되게 하는 것을 말해요.

> 복잡한 마음 순화에는 역시 아름다운 음악이 최고야!

단순하다 복잡하지 않고 간단하다.
불순하다 그릇된 생각이나 이질적인 것이 섞여서 순수하지 않다.

어휘력 체크

대화에 들어갈 알맞은 단어를 골라 써 보세요.

내쉬다   불순하다   거센소리   정확하다
된소리   조음 기관   예사소리   내뿜다

한별아, 음을 만들어 내는 발음 기관을 뭐라고 해?

㉠ ☐☐☐☐ . 입술, 이, 잇몸, 입천장, 혀 등을 말해.

그렇구나. 소리의 세기에 따라 자음이 어떻게 나뉘는지도 설명해 줄 수 있어?

공기를 세게 내뿜어 나오는 자음을
㉡ ☐☐☐☐ 라고 하고, 약하게 숨을 내쉬어
나오는 자음을 ㉢ ☐☐☐☐ , 조음 기관의 근육을
긴장시켜 내는 소리는 ㉣ ☐☐☐ 라고 해.

우아, 대단하다!   정답 ㉠_____ ㉡_____

㉢_____ ㉣_____

157

전개되다

이야기나 사건의 내용이 진전되어 펼쳐지는 것을 말해요. 사물이나 경치가 눈앞에 열려 펼쳐지는 것을 뜻하기도 하고, 모여 있던 부대를 전투 대형으로 벌려 서게 하는 것을 뜻하기도 해요.

> 사건은 의도치 않은 방향으로 전개되고 있었다.

진전되다 일이 진행되어 발전하다.
의도하다 무엇을 하거나 이루려고 계획하다.

효율적

들인 노력에 비해 얻은 결과의 비율이 높은 것을 말해요. 비슷한 뜻을 가진 말로 '능률적', '효과적' 등이 있고, 반대의 뜻을 가진 말로 '비효율적'이 있어요.

> 자신에게 효율적인 공부 방법은 사람마다 다를 수 있다.

들이다 어떤 일에 돈, 시간, 노력, 물건이나 재료 등을 쓰다.
비율 둘 이상의 수나 양을 비교하여 그 관계를 수치로 나타낸 것.

방안

일을 처리하거나 해결하여 나갈 방법이나 계획을 말해요. 비슷한 뜻을 가진 말로 '대책', '방법', '방도', '방책' 등이 있어요.

> 정부는 침체된 경제를 활성화할 방안을 발표했다.

침체되다 사물이나 현상이 발전하지 못하고 제자리에 머물다.
활성화하다 사회나 조직의 기능이 활발하게 이루어지게 하다.

성립

일이나 관계가 생기거나 만들어지는 것을 말해요. 비슷한 뜻을 가진 말로 '실현', '조직', '결성' 등이 있고, 반대의 뜻을 가진 말로 '불성립'이 있어요.

> 서로에 대한 신뢰가 있어야 좋은 관계가 성립된다.

신뢰 믿고 의지함.

반대의 뜻을 나타내는 접두사

- '아님'의 뜻을 더해 주는 접두사 '비(非)-'
  예) 효율적-비효율적, 공식-비공식, 무장-비무장, 인간적-비인간적 등.
- '반대되는'의 뜻을 더해 주는 접두사 '반(反)-'
  예) 비례-반비례, 작용-반작용, 독재-반독재, 공산주의-반공산주의 등.
- '아님, 어긋남'의 뜻을 더해 주는 접두사 '불(不)-'
  예) 가능-불가능, 완전-불완전, 규칙-불규칙, 균형-불균형 등.

어휘력 체크

빈칸에 들어갈 알맞은 단어를 골라 써 보세요.

《펠릭스는 돈을 사랑해》로 질문하고 답하기

질문	답
경기가 활발하지 못하고 발전 없이 제자리에 머물러 있는 것을 무엇이라고 하나요?	㉠ □□□□
둘 이상의 수나 양을 비교하여 그 관계를 수치로 나타낸 것을 무엇이라고 하나요?	㉡ □□
국가나 지방 단체가 국민으로부터 거두어들이는 돈을 무엇이라고 하나요?	세금
거래를 할 때는 서로 믿고 의지하는 것이 필요한데, 이것을 무엇이라고 하나요?	㉢ □□
들인 노력에 비해 얻는 결과의 비율이 높은 것을 무엇이라고 하나요?	㉣ □□□
어떤 일의 결과로 얻은 이익을 무엇이라고 하나요?	소득

전개되다   진전되다   의도하다   효율적
비율   들이다   방안   침체되다
활성화하다   성립   관계   신뢰

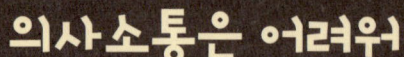

면담

얼굴을 보고 이야기한다는 뜻으로, 상대방에게 정보나 도움을 얻기 위해 만나서 대화를 나누는 것을 말해요.

> 사고의 원인을 파악하기 위해 사고 담당자에게 <u>면담</u>을 <u>요청했다</u>.

담당자 어떠한 일을 맡아 하는 사람.
요청하다 필요한 것이 이루어지도록 어떤 일이나 행동을 부탁하다.

 **면담 주의 사항** 면담을 시작하기 전에 상대방에게 면담의 목적을 알려 주어야 해요. 면담을 할 때에는 예의 바른 태도를 보여야 하고, 질문은 간단하면서 정확하게 하는 것이 좋아요. 또, 주제에 어긋난 질문을 하지 않도록 해야 해요.

의사소통

서로의 생각이나 감정을 주고받는 것, 가지고 있는 생각이나 뜻이 서로 통하는 것을 말해요. 의사소통은 말이나 글을 통해 이루어지기도 하지만 몸짓이나 표정, <u>어조</u> 등을 통해서도 이루어져요.

> 외국인과의 <u>원활한</u> 의사소통을 위해 외국어를 열심히 공부했다.

어조 말의 가락. 말을 할 때 소리의 높낮이에 변화를 주는 일.
원활하다 모난 데가 없고 원만하다. 거칠 것이 없이 순조롭다.

경청하다

남의 말을 귀 기울여 주의 깊게 듣는 것을 말해요. 경청하는 것은 말하는 내용을 잘 듣는 것뿐만 아니라 말하는 사람 내면의 정서나 의도까지 파악하며 적절히 반응하는 것을 말한답니다.

> 오늘 강연을 끝까지 경청해 주셔서 감사합니다.

내면 밖으로 드러나지 않은 사람의 정신적, 심리적 측면.
강연 어떤 목적이나 주제를 가지고 여러 사람 앞에서 말함.

담화

서로 말을 주고받는 것을 말해요. 단체나 공적인 자리에 있는 사람이 어떤 문제에 대하여 자신의 의견이나 태도를 공식적으로 밝히는 말을 뜻하기도 해요.

> 중부 지방의 수해와 관련하여 대통령의 특별 담화가 있을 예정입니다.

공식적 국가적으로 규정되었거나 사회적으로 인정된 것. 틀에 박힌 형식이나 방식에 딱 들어맞는 것.
수해 장마나 홍수로 인한 피해.

어휘력 체크

뜻풀이에 알맞은 단어를 쓰고 선으로 이어 보세요.

㉠ 서로 말을 주고받는 것

㉡ 남의 말을 귀 기울여 주의 깊게 듣다

㉢ 밖으로 드러나지 않은 사람의 정신적, 심리적 측면

㉣ 거칠 것이 없이 순조롭다

 ㄱ   ㄴ   ㄷ   ㄹ

내면   경청하다   담화   원활하다

문제가 너무 쉬워서 시시하지?

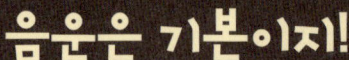

음운

말의 뜻을 구별해 주는 가장 작은 소리의 단위를 말해요. 국어의 음운에는 자음과 모음, 소리의 장단과 높낮이 등이 있어요.

> 나는 문법 시험 범위 중에서 **음운**의 변동이 가장 어렵더라.

장단 길고 짧음.
변동 바뀌어 달라짐.

 음운의 변동

발음을 하거나 표기를 할 때, 좀 더 편하게 사용하기 위해 음운이 변하는 경우가 있어요. '학교'를 [학꾜]로, '같이'를 [가치]로 발음하는 것처럼 말이에요. 이런 현상을 '음운의 변동'이라 해요. 국어에서 음운의 변동은 '음절의 끝소리 규칙, 비음화, 유음화, 구개음화, 두음법칙, 된소리되기, 축약과 탈락' 등이 있어요.

체언

문장에서 주로 서술어의 주체가 되는 대상인 명사, 대명사, 수사를 통틀어 이르는 말이에요. 문장의 중심을 이루는 말이기 때문에 '몸 체(體)'를 써서 체언이라고 해요.

> **체언**을 순우리말로는 임자씨라고 한다.

주체 어떤 것의 주요하거나 기본이 되는 부분. 어떤 일을 주도해 나가는 세력.
순우리말 본디부터 우리나라 사람이 써 온 말. 고유어.

용언

문장에서 주로 서술어의 기능을 하는 동사, 형용사를 통틀어 이르는 말이에요. 다른 품사와 달리 '먹다, 먹고, 먹으니, 먹자'처럼 형태가 변해요. 문장에서의 쓰임에 따라 본용언과 보조 용언으로 나뉘어요.

> 용언을 순우리말로는 풀이씨라고 한다.

서술어 주어의 움직임, 상태, 성질 등을 풀어서 나타내는 말.
보조 중심이 되는 것을 거들거나 도움.

가변어

형태가 변하는 말을 말해요. 동사와 형용사, 서술격 조사처럼 활용을 하는 말이에요. 가변어와 달리 형태가 변하지 않는 말을 '불변어'라고 해요.

> 명사와 대명사는 형태가 고정되어 있으므로 가변어가 아니에요.

활용 용언의 어간이나 서술격 조사에 어미가 결합하여 형태가 바뀌는 것.
고정되다 한번 정한 대로 바뀌지 아니하다. 일정한 상태나 장소에서 움직이지 않게 되다.

어휘력 체크

그림과 뜻풀이를 보고 빈칸에 알맞은 단어를 써 보세요.

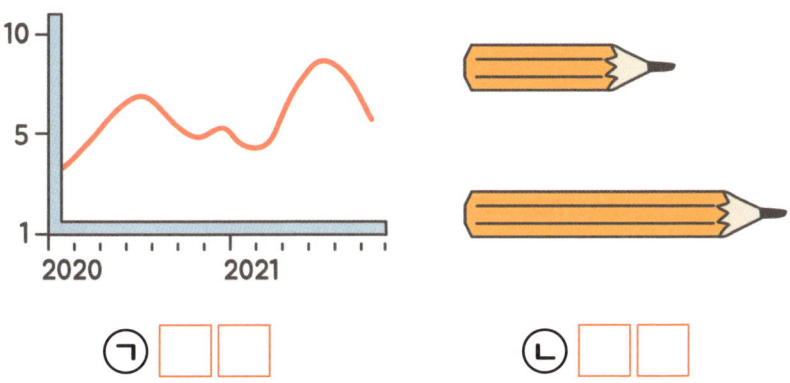

㉠ ☐☐   ㉡ ☐☐

 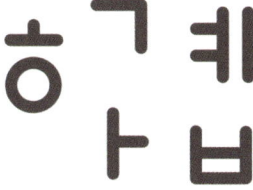

㉢ ☐☐   ㉣ ☐☐

㉠ 바뀌어 달라짐
㉡ 길고 짧음
㉢ 중심이 되는 것을 거들거나 도움
㉣ 말의 뜻을 구별해 주는 가장 작은 소리의 단위. 자음과 모음

고유어

그 나라나 민족의 언어에 본디부터 있던 말이나 그것에 기초하여 새로 만들어진 말을 말해요. 나라나 민족의 역사와 함께 변천, 발달하여 온 말로 '토박이말', '토착어'라고도 해요.

> 무분별한 신조어 사용과 고유어 훼손 문제 심각!

변천 시간의 변화에 따라 변하여 바뀜.
훼손 헐거나 깨뜨려서 못 쓰게 만듦. 명예나 체면 등이 손상됨.

외래어

외국에서 들어와 우리말처럼 쓰이는 말을 말해요. 외국에서 들어온 말이지만 마땅히 바꿀 만한 우리말이 없어 우리말처럼 굳어진 것이지요.

> 빵이 포르투갈에서 들어온 외래어였다니, 정말 뜻밖이야.

마땅히 일정한 조건에 어울리도록 알맞게. 그렇게 하는 것이 당연하게.
뜻밖이다 전혀 예상하거나 생각하지 못하다.

외래어와 외국어

외래어와 외국어는 모두 외국에서 들어온 말이에요. 외래어가 외국어와 다른 점은 대체할 수 있는 우리말이 없다는 거예요. 예를 들어 버스, 택시, 컴퓨터, 피아노 등은 대체 가능한 우리말이 없는 외래어예요. 댄스, 뮤직, 스포츠, 밀크 등은 춤, 음악, 운동, 우유라는 우리말로 대신할 수 있는 외국어지요.

동음이의어

소리는 같지만 뜻이 다른 단어를 말해요. 예를 들어 '배'라는 단어는 과일, 선박, 신체 부위, 곱절이라는 뜻이 있는데 모두 소리만 같을 뿐 서로 다른 단어예요. 형태로는 구별되지 않기 때문에 말의 앞뒤를 살펴 구별해야 해요.

> '배'는 동음이의어고 '머리'는 다의어다.

다의어 서로 관련 있는 두 가지 이상의 뜻을 가진 단어. 하나의 뜻을 가진 낱말의 쓰임이 넓어지면서 여러 가지 뜻을 갖게 된 말.

언어유희

말이나 글자를 소재로 하는 놀이를 말해요. '말장난'이라고도 하는데, 동음이의어나 비슷한 음운, 비슷한 발음 등을 이용하여 말이나 글자를 재미있게 표현하는 것을 말한답니다.

> 요즘 젊은 세대는 언어유희를 아재 개그라며 싫어해요.

세대 같은 시대에 살면서 공통의 의식을 가지고 있는 비슷한 연령층의 사람.

어휘력 체크

초성을 보고 문장에 들어갈 알맞은 단어를 빈칸에 써 보세요.

- 나는 나중에 점점 사라져 가는 아름다운 우리 ㄱㅇㅇ 를 모아 놓은 사전을 만들고 싶어.

  ㉠ ☐☐☐

- 다른 사람을 공개적으로 깎아내리는 것은 명예 ㅎㅅ 죄로 처벌받을 수 있다.

  ㉡ ☐☐

- 홈페이지를 누리집으로, 네티즌을 누리꾼으로 표현하는 것처럼 ㅇㄹㅇ 를 우리말로 바꾸는 운동이 일어나고 있습니다.

  ㉢ ☐☐☐

- 사회 시간에 옛날부터 오늘날까지의 교통수단 ㅂㅊ 과정에 대해 배웠다.

  ㉣ ☐☐

- 부모님은 수수께끼나 난센스 퀴즈와 같은 ㅇㅇㅇㅎ 를 좋아한다.

  ㉤ ☐☐☐☐

확실한 협상 카드

○○월 ××일 △요일

산책 길에 담임 선생님을 만났다. 그런데 두둥!

선생님의 귀엽고 깜찍한 강아지 강지에게 한눈에 반해 버렸다.

한별이랑 나는 우리도 강아지를 입양하자고 부모님을 졸랐다.

그런데 맙소사! 엄마는 개가 싫다고 하셨고, 아빠는 개를 키울 때의 이로움보다 불편함이 커서 합리적인 선택이 아니라고 반대하셨다.

얼마나 귀여운데! 귀여운 걸 좋아하는 건 인간의 본질인데.

어떻게 하면 강아지를 입양할 수 있을까?

부모님께 제시할 협상 카드를 고민 중이다.

강아지를 둘러싼 우리 가족의 갈등은

과연 해소 방법을 찾을 수 있을까?

핵심단어: 합리적 본질 협상 해소

합리적

이치나 논리에 합당한 것을 말해요. 합리적인 사고는 논리적으로 생각하고 정확하게 판단해서 문제에 대한 가장 적절한 해결책을 찾는 것을 말해요.

> 저희 매장은 모든 제품을 **합리적**인 가격으로 판매하고 있습니다.

이치 사물의 정당하고 당연한 도리.
합당하다 어떤 기준, 조건, 용도, 도리 등에 꼭 알맞다.

본질

본디부터 가지고 있는 사물 자체의 모습이나 성질을 말해요. 사물이나 현상을 이루는 근본적인 성질이라고도 할 수 있어요. 비슷한 뜻을 가진 말로 '본바탕', '근본', '밑바탕', '고유' 등이 있어요.

> 사람들은 삶의 **본질**이 무엇인지 밝히려 애써 왔다.

밝히다 가치나 진리, 옳고 그름 등을 판단하여 알리다.
애쓰다 마음과 힘을 다하여 무엇을 이루려고 하다.

 '애'의 의미와 애가 붙는 단어

- '애'는 명사로, 근심이 있어 초조한 마음이나 몹시 수고로움을 뜻해요.
  예) 애가 타다, 애를 끓이다, 애를 쓰다, 애를 먹다.
- '애-'는 접두사로, 일부 명사와 결합하여 어리거나 작은, 또는 처음을 뜻해요.
  예) 애벌레, 애호박, 애당초.

협상

입장이 서로 다른 여럿이 어떤 목적에 적합한 결정을 하기 위해 의논하는 것을 말해요. 국가 간에 어떤 사항에 대해 의견을 조정하고 좋은 관계를 만들어 가기 위한 외교적 방법이나 회담을 말하기도 해요.

> 두 나라는 전쟁을 멈추기 위한 협상에 들어갔다.

적합하다 어떤 조건이나 정도에 꼭 알맞게 들어맞다.
회담 어떤 문제에 대하여 대표성을 띤 사람들이 모여서 대화를 나누거나 토의를 함.

해소

풀어서 없앤다는 뜻으로, 어려운 일이나 문제가 되는 상태, 좋지 않은 감정 등을 해결하여 없애 버리는 것을 말해요.

> 불편한 감정 해소를 위한 나만의 방법은 명상을 하는 거야.

불편하다 몸이나 마음이 편안하지 않고 괴롭다. 어떤 일을 하거나 무엇을 이용하기가 쉽지 않고 번거롭다.
명상 눈을 감고 차분한 마음으로 깊이 생각함.

어휘력 체크

뜻풀이에 해당하는 단어를 쓰고, 단어가 들어가는 짧은 글을 지어 보세요.

① 입장이 서로 다른 여럿이 목적에 적합한 결정을 하기 위해 의논하는 것

② 눈을 감고 차분한 마음으로 깊이 생각함

③ 본디부터 가지고 있는 사물의 모습이나 성질

④ 마음과 힘을 다하여 무엇을 이루려고 하다

⑤ 어려운 일이나 좋지 않은 감정 등을 해결하여 없애 버리는 것

<짧은 글 짓기>

①

②

③

④

⑤

권모술수
풍전등화
뼈에 사무치다
손에 땀을 쥐다
혀를 내두르다
설상가상
천신만고
파김치가 되다
시치미를 떼다
고식지계
미주알고주알
소탐대실
혈혈단신
피가 마르다
콧등이 시큰하다
동병상련
금상첨화
입을 모으다
피가 끓다
화룡점정
귀가 얇다
허장성세
엉덩이가 근질근질하다
감언이설
좌불안석

측은지심
한배를 타다
손발이 맞다
하늘을 찌르다
눈에 불을 켜다
각골난망
반포지효
사면초가
불똥이 튀다
비행기 태우다
전전반측
운을 떼다
입에 침이 마르다
타산지석
우이독경

관용 표현

손에 땀을 쥐는 이야기

책 제목	《삼국지연의》

《삼국지연의》는 몇 번이나 읽을 정도로 좋아하는 책이다.

등장인물도 많고 내용도 복잡하지만 무척 재미있다.

다양한 전략, 전술과 온갖 권모술수가 흥미롭게 그려져 있다.

풍전등화의 위기 때는 긴장하면서 읽게 되고

원수를 향한 뼈에 사무치는 원한엔 공감하면서 읽게 된다.

어떤 장면은 손에 땀을 질 만큼 흥미진진하다.

유비, 관우, 장비가 복숭아나무 동산에서 의형제를 맺은

도원결의 장면이 최고다. 나도 좋은 사람들과 도원결의를 해 보리라.

핵심단어 권모술수   풍전등화   뼈에 사무치다   손에 땀을 쥐다

권모술수(權謀術數)

목적 달성을 위하여 수단과 방법을 가리지 않는 온갖 속임수나 꾀를 뜻해요. 비슷한 뜻을 가진 말로 '권모술책', '모략', '술수', '계략' 등이 있어요.

> 우리 권모술수는 쓰지 말고 정정당당하게 실력으로 승부하자.

술책 어떤 일을 꾸미는 꾀나 방법.
모략 사실을 왜곡하거나 속임수를 써서 남을 해롭게 함.

풍전등화(風前燈火)

바람 앞의 등불이라는 뜻으로, 사람이나 사물이 매우 위태로운 처지에 놓여 있는 것을 뜻해요. 사물이 덧없음을 비유적으로 이르기도 해요.

> 나뭇가지에 매달린 고양이는 풍전등화의 상황에 놓여 있다.

위태롭다 마음을 놓을 수가 없을 정도로 위험하다.
덧없다 보람이나 가치가 없이 헛되고 부질없다.

뼈에 사무치다

원한이나 고통 등이 뼛속에 파고들 정도로 깊고 강함을 뜻해요. '사무치다'라는 말은 어떤 것이 강하게 느껴진다는 뜻과 깊이 스며들거나 멀리까지 미친다는 뜻을 가지고 있어요.

> 믿었던 친구에게 배신당한 원한이 뼈에 사무쳐 사라지지 않는다.

원한 억울하고 원통한 일을 당하여 원망과 한이 응어리진 마음.
스며들다 속으로 배어들다. 마음 깊이 느껴지다.

손에 땀을 쥐다

아슬아슬하여 마음이 조마조마하고 몹시 애가 타는 것을 뜻해요. 무척 긴장되거나 걱정하며 결과를 지켜보거나 기다릴 때 많이 쓰는 말이에요.

> 우리나라 양궁 선수들의 올림픽 결승전을 손에 땀을 쥐고 시청했다.

아슬아슬하다 소름이 끼치도록 조금 위태롭거나 조마조마하다.
시청하다 눈으로 보고 귀로 듣다.

어휘력 체크

뜻풀이에 알맞은 단어를 쓰고, 아래 동그라미에 순서대로 글자를 써서 문장을 완성하세요.

안 원한	고 뼈에 사무치다	요 술책
주 스며들다	수 풍전등화	어 손에 땀을 쥐다
장 덧없다	했 시청하다	학 모략

㉠ 사람이나 사물이 매우 위태로운 처지에 놓여 있다

㉡ 원한이나 고통 등이 뼛속에 파고들 정도로 깊고 강하다

㉢ 눈으로 보고 귀로 듣다

㉣ 아슬아슬하여 마음이 조마조마하고 몹시 애가 탄다.

㉤ 어떤 일을 꾸미는 꾀나 방법

정답 ◯ ◯ ◯ ◯ ◯

혀를 내두르다

몹시 놀라거나 어이없어서 말을 못 하는 것을 뜻해요. '내두르다'라는 말은 이리저리 휘휘 흔든다는 뜻이에요.

개구쟁이 꼬마의 온갖 저지레에 모두가 혀를 내둘렀다.

어이없다 너무 뜻밖이어서 기가 막히다.
저지레 일이나 물건에 문제가 생기게 만들어 그르치는 일.

설상가상(雪上加霜)

눈이 내린 위에 서리까지 더한다는 뜻으로, 어려운 일이나 불행이 겹쳐서 일어나는 것을 뜻해요. 비슷한 뜻을 가진 말로 '전호후랑(前虎後狼)'이라는 말이 있어요. 앞문의 호랑이를 막고 있으려니 뒷문으로 이리가 들어온다는 뜻이에요.

늦잠을 자서 시간이 없는데 설상가상으로 차까지 막힌다.

서리 밤에 기온이 내려가 대기 중의 수증기가 지상의 물체 표면에 얼어붙은 것.
막히다 어떤 장애로 오가지 못하게 되다.

천신만고(千辛萬苦)

천 가지 매운 것과 만 가지 쓴 것이라는 뜻으로, 온갖 어려운 고비를 다 겪으며 심하게 고생함을 뜻해요. 비슷한 뜻을 가진 말로 '백고천난(百苦千難)'이라는 말이 있는데, 백 가지 고통과 천 가지 어려움이라는 뜻이에요.

> 폭우로 고립된 마을에서 주민들은 천신만고 끝에 탈출했다.

고비 어떤 일이 되어 가는 과정에서 가장 중요한 단계. 매우 어려운 순간이나 국면.
고립되다 주변과 단절되어 왕래가 이루어지지 못하다.

파김치가 되다

몹시 지쳐서 나른하게 됨을 뜻해요. 파김치는 파를 재료로 하여 담근 김치예요. 파김치가 익으면 파의 기다란 줄기가 힘없이 늘어지는데, 그 모양에 빗대어 사람이 피곤하여 축 늘어진 모습을 표현한 말이랍니다.

> 하루 종일 고된 업무를 마치고 파김치가 되어 버스에 올랐다.

나른하다 맥이 풀리거나 고단하여 기운이 없다.
업무 직장 같은 곳에서 맡아서 하는 일.

어휘력 체크

뜻풀이에 알맞은 단어를 골라 미로를 빠져나가 보세요.

출발

어려운 일이나 불행이 겹쳐서 일어나는 것
→ 금상첨화
→ 설상가상

주변과 단절되어 왕래가 이루어지지 못하다

매우 어려운 순간이나 국면
고비 ← ← 준비

성립되다 ← ← 고립되다

온갖 어려운 고비를 겪으며 심하게 고생함
→ 승승장구
→ 천신만고

도착

시치미를 떼다

자기가 하고도 짐짓 하지 않은 체하거나 알고도 모르는 체하는 것을 뜻해요. '시치미'는 매의 주인을 밝히기 위해서 주소를 적어 매의 꽁지 털 속에 매어 둔 네모난 뿔을 이르는 말이에요.

> 오빠는 내가 아끼는 연필을 부러뜨려 놓고 시치미를 떼고 앉아 있다.

짐짓 속마음은 그렇지 않으나 일부러 그렇게.
아끼다 귀중하게 여겨 함부로 쓰거나 다루지 아니하다.

'시치미를 떼다'의 유래

옛날엔 매를 이용해 사냥을 하곤 했는데, 종종 매가 뒤바뀌거나 누군가 매를 훔쳐 가는 일이 발생하곤 했어요. 그래서 매의 주인이 표시된 이름표인 시치미를 매의 꽁지에 달았는데, 이것을 떼어 버리고 마치 자기 매인 양 꾸미는 사람이 있었대요. 여기에서 '시치미를 떼다'라는 말이 유래했어요.

고식지계(姑息之計)

임시방편으로 당장 편한 것을 택하는 꾀나 방법을 뜻해요. 잠깐의 안정을 얻기 위해 임시로 처리하거나 이리저리 꾸며 대는 계책이지요. 비슷한 뜻을 가진 말로 '미봉책'이 있어요.

> 만복이는 문제가 생길 때마다 고식지계로 얼렁뚱땅 넘어가려 한다.

임시방편 그때의 사정에 따라 둘러맞춰서 처리함.
계책 어떤 일을 이루기 위해 궁리해 낸 꾀.

미주알고주알

아주 사소한 것까지 모두 다 말하는 것을 뜻해요. 비슷한 뜻을 가진 말로 '낱낱이', '속속들이', '시시콜콜', '세세히', '자세히' 등이 있어요.

> 내 친구는 자신에 대해 미주알고주알 얘기하는 걸 좋아한다.

사소하다 아주 작거나 적어 보잘것없거나 중요하지 않다.
시시콜콜 자질구레한 것까지 하나도 빠짐없이 따지거나 다룸.

'미주알고주알'의 유래
미주알은 항문을 이루는 창자의 끝부분으로, 속 창자까지 살펴볼 정도로 사소한 것까지 꼬치꼬치 따지는 것을 말해요. 고주알은 미주알과 운을 맞추기 위해 덧붙인 말인데, 이런 말에는 '눈치코치, 세월아 네월아' 등이 있어요.

소탐대실(小貪大失)

작은 것을 탐하다가 큰 것을 잃음을 뜻해요. 작은 이익에 정신이 팔려 그것을 얻으려다가 오히려 더 큰 이익을 잃게 되는 어리석음을 이르는 말이에요.

> 물질적 가치만을 좇다가 정신적 가치를 잃는 소탐대실을 범하지 말자.

좇다 가치 있게 여겨 따라가다. 목표, 이상, 행복 등을 추구하다.
범하다 실수나 잘못을 저지르다. 법이나 도덕, 규칙 등을 어기다.

어휘력 체크

뜻풀이에 알맞은 단어를 골라 써 보세요.

파면   국무총리   재판관   헌법 재판소

㉠ 잘못을 저지른 사람에게 직무를 그만두게 함

㉡ 법원에 소속되어서 재판 일을 담당하는 사람

㉢ 행정 각 부서를 지휘하고 조정하는 일을 하는 사람

㉣ 헌법에 관한 분쟁을 다루는 재판소

초성을 보고 문장에 들어갈 알맞은 단어를 써 보세요.

SNS에서 화제가 된 정의남 헌법 ㉠ ㅈ ㅍ ㄱ

피의자에게 호통을 친 정의남 헌법 ㉠ ㅈ ㅍ ㄱ 의 영상이 SNS에서 퍼지면서 이 영상을 본 20대들은 "통쾌하다", "멋지다"는 반응을 보이고 있습니다. 대통령감이라며 ㉡ ㄷ ㄱ 도전을 바라는 목소리도 높습니다.

정답 ㉠_____ ㉡_____

국제법이냐, 국내법이냐

핵심 단어: 공소, 형사 재판, 국내법, 국제법

공소

검사가 법원에 특정 형사 사건의 재판을 청구하는 것을 말해요. 공소를 하려면 공소장을 제출해야 해요.

> <u>공소</u> 시효 만료 하루 전 범인 검거!

시효 어떤 사실 상태가 일정한 기간 동안 계속되는 일. 공소 시효는 공소를 할 수 있는 기간을 말한다.
만료 기간이 차서 끝남.

형사 재판

남의 물건을 훔치거나 폭행하는 등의 형사 사건에 관한 재판이에요. 형사 재판에서는 검사가 범죄자에 대해 소송을 제기하지요.

> 층간 소음으로 인한 폭행 사건은 <u>형사 재판</u> 결과 징역 1년, 집행 유예 3년을 받았다.

층간 소음 위층과 아래층 사이의 소음.
집행 유예 3년 이하의 징역형에 대해서 실제로 형을 살게 하지 않는 것. 집행 유예 기간 동안 문제가 없으면 형을 집행하지 않는다.

국내법

나라의 주권이 미치는 범위 안에서 효력을 가지는 법을 말해요.

> **국내법** 위반 지적을 받은 외국 회사가 아무런 제재 없이 현행 서비스를 유지하고 있습니다.

위반 법률이나 명령 따위를 지키지 않고 어김.
현행 현재 행하여지고 있는 것. 현행 제도, 현행 유지 등으로 쓰인다.

국제법

국가 간의 권리와 의무에 대하여 규정한 법을 말해요. 국제 협력을 위해서 국가 간의 협의로 국제법을 정하지요.

> 일본군 위안부와 강제 징용을 배상하라는 한국 법원의 판결에 일본은 **국제법** 위반이라는 억지를 부리고 있다.

일본군 위안부 일제가 강제로 끌고 가 성노예로 삼은 한국, 대만 및 일본 여성을 말한다.
강제 징용 일제 강점기에 일제가 조선 사람을 강제로 동원하여 부리던 일.

어휘력 체크

표시한 설명에 맞는 단어를 음절 구슬에서 찾아 빈칸에 써 보세요.

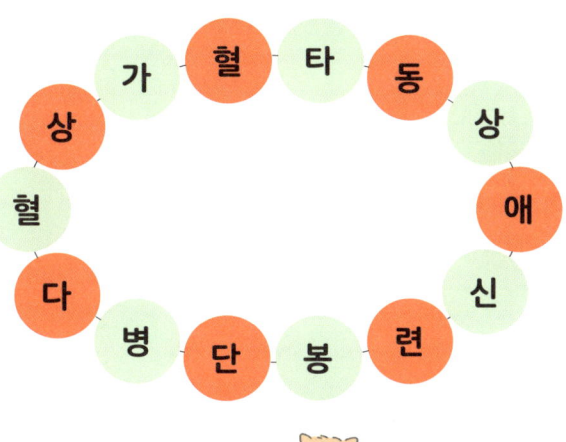

힘든 일을 겪어 본 사람은 같은 처지에 있는 사람을 가엾게 여기는 마음을 갖게 돼.

㉠

의지할 곳 없이 외로운 홀몸으로 살 뻔했던 나를 아빠가 입양해 주셨다멍.

㉡

텔레비전에서 헤어진 사람들이 다시 만나는 장면을 보니 눈물이 났어.

㉢

아파서 밥을 먹지 않는 강지를 보니 몹시 안타깝고 답답하고 걱정이 된다.

㉣

금상첨화(錦上添花)

비단 위에 꽃을 더한다는 뜻으로, 좋은 일 위에 더 좋은 일이 더해짐을 뜻해요. 반대의 뜻을 가진 말로 '설상가상(雪上加霜)'이 있어요.

진수성찬에 진귀한 선물까지 가득하니 **금상첨화**로구나.

진수성찬 푸짐하게 잘 차린 맛있는 음식.
진귀하다 값지고 귀하다.

 **문학 작품에 자주 나오는 음식 관련 사자성어**

산해진미 산과 바다의 온갖 진귀한 산물을 다 갖추어 차린, 매우 맛이 좋은 음식.
고량진미 기름진 고기와 좋은 곡식으로 만든 맛있는 음식.
초근목피 풀뿌리와 나무껍질이라는 뜻으로, 양식이 부족할 때 먹는 험한 음식을 비유적으로 이르는 말.

입을 모으다

여러 사람이 같은 의견을 말한다는 뜻이에요. '입'이 들어가는 다른 표현인 '입을 맞추다'는 서로의 말이 일치하도록 짜고 꾸민다는 뜻이에요.

사람들은 곽씨 부인의 어진 행실을 **입을 모아** 칭찬했다.

어질다 마음이 너그럽고 착하며 덕이 높다.
행실 일상생활에서 드러나는 행동이나 몸가짐.

피가 끓다

기분이나 감정이 격렬하게 북받쳐 오르는 것을 뜻해요. 젊은 기운이 넘쳐 나는 것을 뜻하기도 해요.

> 누구에게나 피가 끓는 청춘 시절이 있다.

격렬하다 몹시 세차고 치열하다.
북받치다 속으로부터 치밀어 오르다.

화룡점정(畵龍點睛)

용 그림에 점을 찍는다는 뜻으로, 무슨 일을 하는 데 가장 중요한 부분을 마무리하여 완성하는 것을 뜻해요.

> 이번 담력 훈련의 화룡점정은 바로 번지 점프 체험입니다.

마무리 일을 끝맺음. 말이나 글의 끝맺는 부분.
담력 겁이 없고 용감한 기운.

화룡점정의 유래

양나라 사람 장승요는 안락사라는 절의 벽에 용 네 마리를 그렸는데 눈동자를 그려 넣지 않았어요. 그러고는 "눈동자를 그리면 용이 날아가 버리기 때문이다."라고 말했지요. 어떤 사람이 그 말이 거짓이라 하자 그는 용 한 마리의 눈에 눈동자를 그려 넣었어요. 그러자 갑자기 천둥이 울리고 번개가 쳐 벽이 깨지며 용이 구름을 타고 하늘로 올라가 버렸어요. 화룡점정이라는 말은 이 이야기에서 유래했답니다.

어휘력 체크

대화에 들어갈 알맞은 단어를 골라 써 보세요.

화룡점정   입을 모으다   북받치다   어질다
피가 끓다   금상첨화   진수성찬   격렬하다

우아, 오늘 저녁은 완전 ㉠ □□□□ 이네. 다 맛있겠다.

아까부터 맛있는 냄새가 솔솔 나더니 모두 내가 좋아하는 음식들이야.

배불리 먹고, 후식으로 아이스크림까지 먹으면 완벽한 저녁 식사의 완성! ㉡ □□□□ 일 텐데.

그럴 땐 좋은 일에 더 좋은 일이 생긴다는 ㉢ □□□□ 라고 해야지

정답 ㉠ _____ ㉡ _____ ㉢ _____

199

엉덩이가 근질근질

○○월 XX일 △요일

나는 **귀가 얇아서** 문제다.

오랜만에 공부를 하는데, 엄마가 웬일로 폭풍 칭찬을 해 주셨다.

세상에서 제일 멋지다며 먹고 싶은 건 뭐든 말하라고 하셨다.

한껏 기분 좋아진 나는 한 달 동안 매일 3시간씩 공부를 하겠다고 시키지도 않은 약속을 하고야 말았다.

아, 내가 왜 쓸데없는 **허장성세**를 부렸을까.

벌써 **엉덩이가 근질근질한데** 어떻게 한 달을 버티지?

그런데 엄마의 **감언이설**에 넘어간 것 같은 이 기분은 뭐지?

핵심 단어: 귀가 얇다 · 허장성세 · 엉덩이가 근질근질하다 · 감언이설

관용 표현

귀가 얇다

남의 말을 잘 받아들이거나, 속는 줄도 모르고 남의 말을 그대로 잘 믿는 것을 뜻해요. '귀가 엷다'라고도 해요.

> 누나는 귀가 얇아서 사기당하기 십상이다.

사기 못된 꾀로 남을 속임.
십상 열에서 아홉일 정도로 거의 예외가 없다.

허장성세(虛張聲勢)

실력이나 실속은 없으면서 큰소리치거나 허세를 부리는 것을 뜻해요. 비슷한 뜻을 가진 말로 '호왈백만(號曰百萬)'이 있는데, 실제로는 얼마 되지 않는 것을 많은 것처럼 과장해 말한다는 뜻이에요.

> 장군이의 말이 허장성세일 뿐이라는 걸 친구들은 모두 알고 있었다.

실속 겉으로 드러나지 않은 실질적인 이익.
허세 실속 없이 과장되게 부풀린 기세.

엉덩이가 근질근질하다

한군데에 가만히 앉아 있지 못하고 자꾸 일어나거나 활동하고 싶어 하는 것을 뜻해요. '근질근질하다'는 자꾸 가려운 느낌이 들다, 참기 어려울 정도로 자꾸 무언가를 하고 싶다는 뜻이에요.

> 장시간 앉아 강의를 들으니 엉덩이가 근질근질해 집중할 수가 없다.

장시간 오랜 시간 동안.
강의 학문이나 기술 등의 내용을 체계적으로 설명하여 가르침.

'근질근질하다'가 들어가는 표현

- '입이 근질근질하다'는 자신이 알고 있는 사실을 말하고 싶어 참기 힘들다는 뜻이에요. 비슷한 표현으로 '목젖이 간질간질하다'가 있어요.
- '몸이 근질근질하다'는 몹시 하고 싶은 일을 참느라 힘이 들다는 뜻이에요. 비슷한 표현으로 '손이 근질근질하다'가 있어요.

감언이설(甘言利說)

남의 비위를 맞춰 달콤하게 꾸민 말과 이로운 조건을 내세워 꾀는 말을 뜻해요. 비슷한 뜻을 가진 말로 '사탕발림', '아첨' 등이 있어요.

> 수남이는 주인 영감의 감언이설에 속아 밤낮없이 일만 했다.

비위(를) 맞추다 다른 사람의 심정을 만족스럽게 하다.
꾀다 그럴듯한 말과 행동으로 남을 속이거나 부추겨 자신이 의도한 대로 하게 하다.

어휘력 체크

문장에 들어갈 알맞은 단어를 골라 써 보세요.

《토끼전》으로 주인공에게 편지 쓰기

토끼에게

네 이야기를 읽으며 너랑 나는 비슷한 점이 많다고 생각했어.
나는 다른 사람이 하는 말을 쉽게 믿곤 하는데
너도 그런 것 같았거든.
별주부의 말도 안 되는 거짓말을 네가 그렇게 쉽게 믿을 줄은
몰랐어. 하지만 네 비위를 맞추기 위해 꾸며 낸
그런 듣기 좋은 ㉠□□□□에는
어떤 동물이라도 속아 넘어갔을 거야.
잠깐의 실수로 별주부에게 ㉡□□를 당하고
위험에 빠지기는 했지만, 그래도 난 네가 참 용기 있고
똑똑하다고 생각해. 정말 공포스러운 상황이었을 텐데
그런 꾀를 금방 생각해 내다니.
덕분에 무사히 육지로 돌아와서 정말 다행이야.
위험 속에서 ㉢□□를 부리며 사는 것보다
마음 편한 곳에서 ㉣□□ 있게 사는 게 낫지 않을까?

엉덩이가 근질근질하다	꾀다	허장성세
사기	귀가 얇다	장시간	십상
비위를 맞추다	실속	허세	감언이설

203

좌불안석(坐不安席)

앉아도 자리가 편안하지 않다는 뜻이에요. 마음이 불안하거나 걱정스러워 자리에 가만히 앉아 있지 못하고 안절부절못하는 것을 뜻해요.

> 복길이는 거짓이 들통날까 봐 **좌불안석**을 하며 주위를 서성였다.

안절부절못하다 마음이 불안하고 초조하여 어찌할 바를 모르다.
서성이다 자꾸 주위를 왔다 갔다 하다.

측은지심(惻隱之心)

불쌍히 여기는 마음을 뜻해요. 인간의 본성에서 우러나오는 네 가지 마음씨를 사단(四端)이라고 하는데, 측은지심은 그중 하나로 다른 사람의 불행을 불쌍히 여기는 마음을 말해요.

> 불우한 사람을 보며 **측은지심**을 갖는 것은 인지상정이다.

불우하다 살림이나 처지가 딱하고 어렵다.
인지상정(人之常情) 사람이면 누구나 가질 수 있는 보통의 마음이나 감정.

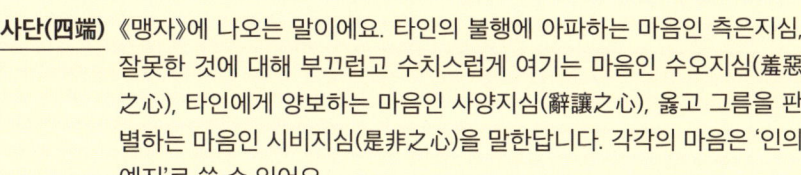

사단(四端) 《맹자》에 나오는 말이에요. 타인의 불행에 아파하는 마음인 측은지심, 잘못한 것에 대해 부끄럽고 수치스럽게 여기는 마음인 수오지심(羞惡之心), 타인에게 양보하는 마음인 사양지심(辭讓之心), 옳고 그름을 판별하는 마음인 시비지심(是非之心)을 말한답니다. 각각의 마음은 '인의예지'로 쓸 수 있어요.

한배를 타다

운명을 같이하거나 같은 입장이 됨을 뜻해요. 목표가 같거나 책임져야 할 일이 같을 때 서로를 격려하는 의미로 쓰이기도 해요. 상대방을 부추기거나 압박할 때도 쓰이지요.

> 가족은 한배를 탄 사이니 고난과 시련도 함께 헤쳐 나가야 한다.

압박하다 힘으로 강하게 억누르다.
헤치다 어려움을 이겨 나가다. 앞에 방해되는 것을 좌우로 물리치다.

손발이 맞다

둘 이상의 사람이 함께 일을 하는 데 의견이나 방법 등이 서로 맞음을 뜻해요. 두 사람이 손을 움직여야 할 때 같이 손이 움직이고, 발을 움직여야 할 때 같이 발이 움직여서 서로 잘 맞게 일을 한다는 뜻이에요.

> 보니와 하니는 평소엔 앙숙이지만 일할 땐 손발이 척척 맞는다.

앙숙 앙심을 품고 서로 미워하는 사이.
척척 서로 조화가 잘 이루어짐. 솜씨 있고 시원시원하게 잘 해냄.

어휘력 체크

뜻풀이에 알맞은 단어를 쓰고 선으로 이어 보세요.

㉠ 남의 불행을 불쌍히 여기는 마음

㉡ 앙심을 품고 서로 미워하는 사이

㉢ 사람이면 누구나 가질 수 있는 보통의 마음이나 감정

㉣ 둘 이상의 사람이 함께 일을 하는 데 의견이나 방법 등이 서로 맞음

ㄱ   ㄴ   ㄷ   ㄹ

앙숙   손발이 맞다   측은지심   인지상정

나도 다 아는 문제다멍.

반포지효 하는 강아지

나는 아빠가 참 좋다멍.

아빠 왔다♥

아빠가 일찍 퇴근하는 날은 기쁜 마음이 **하늘을 찌르고**.

아빠가 늦는 날엔 **눈에 불을 켜고** 현관문만 쳐다본다멍.

힝..

맛있는 간식을 사 오실 땐 너무너무 감사하다멍.

아빠의 은혜를 **각골난망**하여 어른이 되면 반드시 **반포지효** 하겠다멍!

음, 우선 배변부터 잘 가리면 좋겠구나.

실수다멍.

핵심단어: 하늘을 찌르다 · 눈에 불을 켜다 · 각골난망 · 반포지효

하늘을 찌르다

기세나 기운이 대단하고 몹시 세찬 것을 뜻해요. 하늘을 찌르다를 한자로 표현하면 '충천(衝天)'인데, '기세충천', '사기충천' 등의 말로 쓰여요.

> 병사들이여, 하늘을 찌르는 기세로 돌진하여 적을 일망타진하자.

돌진하다 거침없이 곧장 나아가다.
일망타진(一網打盡) 한 번 그물을 쳐서 고기를 다 잡는다는 뜻으로, 어떤 무리를 한꺼번에 빠짐없이 모두 잡음을 이르는 말.

눈에 불을 켜다

몹시 욕심을 내거나 관심을 기울이는 것을 뜻해요. 화가 나서 눈을 부릅뜨는 것을 뜻하기도 해요.

> 나는 떨어진 점수를 만회하려고 눈에 불을 켜고 공부했다.

부릅뜨다 보기 무섭고 사나울 정도로 눈을 크게 뜨다.
만회하다 돌이켜 원래의 상태로 회복하다.

'눈'이 들어가는 표현

눈에 흙이 들어가다(죽어 땅에 들어가다), 눈이 높다(수준 높은 것에만 관심을 두다, 좋은 것만 찾는다, 안목이 높다), 눈(을) 씻고 보다(정신을 바짝 차리고 집중하여 보다), 눈(이) 뒤집히다(어떤 일에 집착하여 이성을 잃을 정도가 되다), 눈 밖에 나다(신임을 잃고 미움을 받게 되다), 눈에 밟히다(잊히지 않고 자꾸 떠오르다).

각골난망 (刻骨難忘)

뼈에 새겨 두고 잊지 않겠다는 뜻이에요. 남에게 입은 은혜가 마음속에 새길 만큼 커서 잊히지 아니함을 뜻해요.

어려울 때 도움을 주신 분들의 은혜는 각골난망하겠습니다.

새기다 글씨나 형상을 파다. 마음속에 깊이 기억하다.
은혜 고맙게 베풀어 주는 신세나 혜택.

 **은혜에 관한 사자성어**

결초보은(結草報恩) 풀을 묶어 은혜를 갚는다는 뜻으로, 죽어서도 잊지 않고 은혜를 갚음.
백골난망(白骨難忘) 죽어 백골이 되어도 은혜를 잊을 수 없음.
배은망덕(背恩忘德) 남에게 입은 은혜를 잊고 도리어 배반함.

반포지효 (反哺之孝)

까마귀 새끼가 자라서 늙은 어미에게 먹이를 물어다 주는 효성이라는 뜻이에요. 자식이 자란 후에 부모님께 은혜를 갚는 것을 뜻해요. 새끼 까마귀는 어미가 물어다 준 먹이를 먹고 자라는데, 새끼가 자라면 힘이 약해진 어미에게 먹이를 물어다 준다고 해요.

예나 지금이나 반포지효는 자식이 마음에 품어야 할 마음가짐이다.

효성 정성을 다하여 부모를 섬기는 마음이나 태도.
품다 생각이나 느낌 등을 마음속에 가지다. 품속에 넣거나 가슴에 안다.

어휘력 체크

그림과 뜻풀이를 보고 빈칸에 알맞은 단어를 써 보세요.

㉠ ☐☐☐☐   ㉡ ☐☐☐☐

㉢ ☐☐   ㉣ ☐☐☐☐

㉠ 거침없이 곧장 나아가다
㉡ 자식이 자란 후에 어버이의 은혜를 갚는 효성
㉢ 품속에 넣거나 가슴에 안다
㉣ 어떤 무리를 한꺼번에 모조리 잡음

사면초가에 빠지다

○○월 XX일 △요일

아, 난 지금 **사면초가** 상황이다.

나와 삼총사였던 보미와 소라가 다투면서 내게도 **불똥이 튀었다**.

둘은 내게 누구 편인지 고르라며 화를 내는데 도저히 고를 수가 없다.

둘 다 좋은 친구들인데 어떻게 고를 수가 있겠는가.

한껏 **비행기 태우는** 말을 하며 화해시키려 해 봤지만 실패했다.

너무 고민이 되어 며칠째 **전전반측**하며 잠을 이루지 못하고 있다.

보미야, 소라야. 우린 삼총사일 때 가장 빛나고 행복하잖아.

내일은 제발 서로 화해하고 다시 삼총사로 합체하자~~

핵심단어: 사면초가 불똥이 튀다 비행기 태우다 전전반측

사면초가(四面楚歌)

사방에서 들려오는 초나라 노래라는 뜻으로, 적에게 둘러싸여 아무에게도 도움을 받을 수 없는 외롭고 힘든 상황을 뜻해요.

사방팔방 나를 헐뜯는 사람만 있으니, 이런 게 바로 **사면초가**로구나.

사방팔방 모든 방향과 모든 방면.
헐뜯다 남을 해치려고 흠을 들추어내어 말하다.

 **사면초가의 유래**

한나라 유방과 초나라 항우가 전쟁을 벌이던 때, 초나라가 한나라에 포위를 당했어요. 오랜 전쟁과 배고픔에 초나라 병사들이 지쳐 가던 어느 밤, 사방에서 초나라 노래가 들려왔어요. 한나라가 항복한 초나라 병사들에게 고향 노래를 부르게 한 것이지요. 고향 생각에 마음이 약해져 도망가는 초나라 병사가 속출했고, 전세가 기울었다고 생각한 항우는 스스로 목숨을 끊었어요. 사면초가는 여기에서 유래했어요.

불똥이 튀다

사건이나 말썽의 꼬투리가 엉뚱한 사람에게 미쳐 화를 입히는 것을 뜻해요. 불똥이란 불타는 물체에서 튀어나오는 작은 불덩이나, 양초 등의 심지 끝이 다 타서 엉겨 붙은 찌꺼기를 말해요.

싸움은 으레 주변 사람들에게 **불똥이 튄다**.

꼬투리 이야기나 사건의 실마리. 남을 헐뜯거나 괴롭힐 만한 것.
으레 거의 틀림없이 언제나.

비행기 태우다

남을 지나치게 칭찬하거나 높이 추어올려 줌을 뜻해요. 상대에게 실제보다 과장하여 표현하거나 아부로 하는 말을 의미하기도 해요.

> 대단한 일을 한 것도 아닌데 그만 비행기 태우세요.

추어올리다 정도 이상으로 높이 칭찬하다.
아부 남의 마음에 들려고 비위를 맞춤.

전전반측(輾轉反側)

누워서 몸을 이리저리 뒤척이며 잠을 이루지 못하는 것을 뜻해요. 원래는 아름다운 아가씨를 그리며 잠을 이루지 못하는 것을 표현한 말이었으나, 지금은 근심 걱정이나 그리움으로 몸을 뒤척이며 잠 못 드는 모습을 의미해요.

> 거센 비바람에 농작물이 상할까 걱정되어 농부는 밤새 전전반측했다.

뒤척이다 몸의 방향을 자꾸 이리저리 바꾸어 눕다. 물건들을 이리저리 들추며 뒤지다.
농작물 논밭에 심어 가꾸는 곡식이나 채소류를 통틀어 이르는 말.

어휘력 체크

초성을 보고 문장에 들어갈 알맞은 단어를 빈칸에 써 보세요.

- 그는 나만 보면 어떻게든 ㄲㅌㄹ 를 잡아 시비를 건다.

  ㉠ ☐☐☐

- 준호의 실수는 순식간에 ㅅㅂㅍㅂ 소문이 났다.

  ㉡ ☐☐☐☐

- 고래 싸움에 새우 등 터진다더니, 두 사람이 다투면 ㅇㄹ 다른 사람에게 불똥이 튀곤 한다.

  ㉢ ☐☐

- 아버지께서는 명절이 다가오면 고향에 대한 그리움에 밤새 잠 못 들고 ㅈㅈㅂㅊ 하신다.

  ㉣ ☐☐☐☐

- 사방에 온통 적뿐이니 ㅅㅁㅊㄱ 상황이구나.

  ㉤ ☐☐☐☐

215

침이 마르도록 칭찬해

○○월 XX일 △요일 ☀ ☁ ☂ ☃

오늘은 아이들에게 운을 떼기 어려웠다.

졸업식을 앞두고 기쁨과 슬픔이 교차했기 때문이다.

첫 담임 반이 우리 반이어서 정말 좋았다.

우리 반에 대한 칭찬은 입에 침이 마르도록 해도 끝이 없을 것 같다.

함께하는 동안 좋았던 점은 앞으로도 잘 이어 갔으면 좋겠고

나빴던 점은 타산지석으로 삼아 성장에 도움이 되면 좋겠다.

부디 나의 당부가 마이동풍, 우이독경이 아니길 바라본다.

얘들아, 졸업 축하해. 그리고 새로운 시작을 응원한다~!

일 년 동안 고생하셨다멍!

졸업을 축하합니다

핵심 단어 | 운을 떼다 | 입에 침이 마르다 | 타산지석 | 우이독경

운을 떼다

이야기의 첫머리를 꺼내는 것을 뜻해요. 대화나 토론에서 다른 사람보다 먼저 입을 열어 말하는 것을 뜻하기도 해요. 흔히 '운을 띄우다'라는 표현을 사용하는데, 이는 운을 떼다의 잘못된 표현이에요.

숙연한 분위기에서는 먼저 운을 떼는 게 쉽지 않다.

첫머리 어떤 사물이 시작되는 첫 부분.
숙연하다 조심스럽고 엄숙하다.

입에 침이 마르다

어떤 사실을 아주 좋게 말하거나 몹시 사정하거나 하면서 자꾸 말하는 것을 뜻해요. 자랑이나 칭찬, 애원, 사정 등의 말을 입에 침이 마를 정도로 계속해서 한다는 뜻이에요.

사람들은 장기려 박사의 선행을 입에 침이 마르도록 칭찬했다.

사정하다 일의 형편이나 그렇게 된 까닭을 말하고 도움을 청하다.
선행 착하고 어진 행동.

어디가 불편하세요? 여긴 어때요?

타산지석(他山之石)

남의 산의 나쁜 돌이라도 자신의 산의 옥돌을 가는 데에 쓸 수 있다는 뜻이에요. 다른 사람의 하찮은 언행이나 허물과 실패도 자신의 인격을 수양하는 데 도움이 됨을 뜻해요.

> 잘못된 역사를 **타산지석** 삼아 현재를 잘 살아가자.

하찮다 그다지 훌륭하지 않다.
수양하다 몸과 마음을 갈고닦아 높은 경지로 끌어올리다.

우이독경(牛耳讀經)

쇠귀에 경 읽기라는 뜻이에요. 아무리 가르치고 일러 주어도 알아듣지 못함을 뜻해요. '경'은 경전이라고 하는데 유교나 불교의 가르침을 적은 책이에요. 아무리 좋은 내용을 담고 있는 경전이라도 소는 알아듣지 못하는 것처럼, 가르침의 효과가 없고 소통이 되지 않을 때 쓰는 말이에요.

> 누누이 말해도 알아듣지 못하다니, 정말 **우이독경**이 따로 없군.

유교 공자와 그 제자들의 가르침인 유학을 근본으로 하는 사상.
누누이 여러 번 자꾸.

어휘력 체크

뜻풀이에 해당하는 단어를 쓰고, 단어가 들어가는 짧은 글을 지어 보세요.

① 이야기의 첫머리를 꺼내다

② 아무리 가르치고 일러 주어도 알아듣지 못함

③ 착하고 어진 행동

④ 몸과 마음을 갈고닦아 높은 경지로 끌어올리다

⑤ 다른 사람의 하찮은 언행이나 허물과 실패도 자신의 인격을 수양하는 데 도움이 됨

<짧은 글 짓기>

①

②

③

④

⑤

어휘력 체크 해답

39쪽
㉠ 심상 ㉡ 성찰 ㉢ 향토적 ㉣ 매체

43쪽
㉠ 난방기 ㉡ 유성 ㉢ 폭설 ㉣ 자정

47쪽
㉠ 기승전결 ㉡ 여운 ㉢ 짜임새 ㉣ 운율
㉤ 수미상관

51쪽
① 속성
   예시) 호랑이는 배변으로 영역을 표시하는 속성이 있다.
② 산들바람
   예시) 산들바람에 하늘하늘 춤추는 들꽃.
③ 생동감
   예시) 명절을 앞둔 재래시장은 사람들로 북적이며 생동감이 넘친다.
④ 의인화
   예시) 사물의 의인화는 수많은 문학 작품에서 찾아볼 수 있다.
⑤ 유래하다
   예시) 고사성어는 옛날에 있었던 일에서 유래한 말이다.

1장 시 문학

15쪽
㉠ 모순 ㉡ 앳되다 ㉢ 이상적 ㉣ 음미하다
㉤ 방언
즐거운 하루

19쪽
시적 화자 → 유년 → 눈시울 → 시선

23쪽
㉠ 피란민 ㉡ 생기 ㉢ 기운

목	질	별	남	어	중
아	출	피	문	물	장
포	니	란	들	안	줄
기	반	민	공	생	기
나	운	칠	살	창	명
해	허	가	진	호	론

27쪽
㉠ 물수제비 ㉡ 만발하다 ㉢ 주제
㉣ 부산하다

31쪽
㉠ 추상적 ㉡ 상징 ㉢ 구체적

35쪽
㉠ 결실 ㉡ 천진난만하다 ㉢ 여울

2장 소설 문학

57쪽
㉠ 하릴없이 ㉡ 발생하다 ㉢ 구걸하다
㉣ 주리다 ㉤ 매섭다 ㉥ 불시에 ㉦ 허구
우리 가족 사랑해

61쪽
산문 → 경외심 → 희곡 → 일대기

65쪽
㉠ 용의자 ㉡ 묘사 ㉢ 몽타주 ㉣ 우려

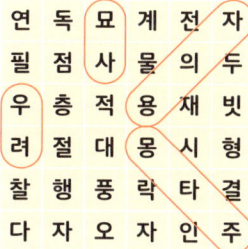

69쪽
㉠ 입신양명 ㉡ 진창 ㉢ 헤살 ㉣ 삭정이

73쪽
㉠ 수량 ㉡ 허드레 ㉢ 근근이

77쪽
㉠ 분야 ㉡ 배경지식 ㉢ 시점

81쪽
㉠ 전승되다 ㉡ 구비 문학 ㉢ 초현실 ㉣ 설화

85쪽
㉠ 무논 ㉡ 회상하다 ㉢ 워낭 ㉣ 낙향

89쪽
㉠ 적막하다 ㉡ 연신 ㉢ 뭉근한 ㉣ 오솔길
㉤ 풍미

93쪽
① 서술자
  예시) 이 소설의 서술자는 누구입니까?
② 소재
  예시) 옷감의 소재는 아주 다양해요.
③ 부합하다
  예시) 저희 가게는 잔류 농약 허용 기준에 부합하는 농산물을 판매합니다.
④ 대립하다
  예시) 선과 악이 대립하는 이야기는 너무 흔한 것 같아.
⑤ 문체
  예시) 따뜻한 문체의 글은 독자에게 위로를 준다.

3장 정보 전달하는 글·주장하는 글

99쪽
㉠ 신념 ㉡ 간헐적 ㉢ 비판하다 ㉣ 이행하다
㉤ 무관하다
너는 최고야

103쪽
가설 → 분석 → 모형 → 도출하다

107쪽
㉠ 저하 ㉡ 능률 ㉢ 증대

속	세	모	늘	되	러
상	이	한	용	저	때
점	바	멈	이	하	오
스	부	예	업	교	히
증	대	인	학	부	능
환	차	지	추	다	률

111쪽
㉠ 심사숙고하다 ㉡ 인재 ㉢ 미세 ㉣ 진로

115쪽
㉠ 단번에 ㉡ 짐작 ㉢ 날쌔다

119쪽
㉠ 대중 ㉡ 비윤리적 ㉢ 일관성 ㉣ 거시적

123쪽
㉠ 논거 ㉡ 왜곡 ㉢ 항공기 ㉣ 분류하다

127쪽
㉠ 마라톤 ㉡ 진화 ㉢ 병행 ㉣ 고되다

131쪽
㉠ 필연적 ㉡ 내성 ㉢ 정화 ㉣ 수질
㉤ 탁월하다

135쪽
① 강압
  예시) 일제의 무력과 강압에도 독립

운동은 끊이지 않았다.
② 부담
예시) 너무 과한 선물은 받는 사람에게 부담을 줍니다.
③ 권력
예시) 국가의 권력은 국민으로부터 나와야 한다.
④ 제외하다
예시) 한 명을 제외하고 장훈이가 우리 반에서 가장 키가 크다.
⑤ 배타적
예시) 타인에 대한 배타적 태도는 사회생활에 도움이 되지 않아요.

4장 문법·말하기와 쓰기

141쪽
㉠ 출처 ㉡ 인용하다 ㉢ 간추리다 ㉣ 맥락 ㉤ 개요 ㉥ 줄거리
소중한 우리들

145쪽
관형사 → 형용사 → 청유 → 솔직히

149쪽
㉠ 생성 ㉡ 소멸 ㉢ 사회성 ㉣ 역사성

언	어	강	사	회	성
생	성	습	신	빠	보
긍	현	의	영	히	유
파	급	상	역	주	기
행	소	철	손	사	만
호	멸	안	학	민	성

153쪽
㉠ 낫다 ㉡ 사연 ㉢ 상충 ㉣ 기원하다

157쪽
㉠ 조음 기관 ㉡ 거센소리 ㉢ 예사소리 ㉣ 된소리

161쪽
㉠ 침체되다 ㉡ 비율 ㉢ 신뢰 ㉣ 효율적

165쪽
㉠ 담화 ㉡ 경청하다 ㉢ 내면 ㉣ 원활하다

169쪽
㉠ 변동 ㉡ 장단 ㉢ 보조 ㉣ 음운

173쪽
㉠ 고유어 ㉡ 훼손 ㉢ 외래어 ㉣ 변천 ㉤ 언어유희

177쪽
① 협상
예시) 오랜 논의 끝에 협상이 타결되었다.
② 명상
예시) 명상을 하면 마음이 편안해져요.
③ 본질
예시) 이 문제의 본질이 무엇인지 파악해 봅시다.
④ 애쓰다
예시) 지킴이 선생님은 우리의 안전을 위해 애쓰신다.
⑤ 해소
예시) 스트레스 해소에 좋은 음식을 소개해 주세요.

5장 관용 표현

183쪽
㉠ 풍전등화 ㉡ 뼈에 사무치다 ㉢ 시청하다 ㉣ 손에 땀을 쥐다 ㉤ 술책
수고했어요

187쪽
설상가상 → 고비 → 고립되다 → 천신만고

191쪽
㉠ 임시방편 ㉡ 소탐대실

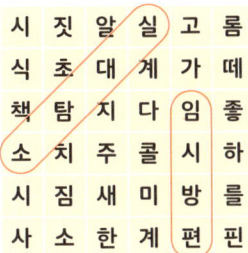

195쪽
㉠ 동병상련 ㉡ 혈혈단신 ㉢ 상봉
㉣ 애가 타다

199쪽
㉠ 진수성찬 ㉡ 화룡점정 ㉢ 금상첨화

203쪽
㉠ 감언이설 ㉡ 사기 ㉢ 허세 ㉣ 실속

207쪽
㉠ 측은지심 ㉡ 앙숙 ㉢ 인지상정
㉣ 손발이 맞다

211쪽
㉠ 돌진하다 ㉡ 반포지효 ㉢ 품다
㉣ 일망타진

215쪽
㉠ 꼬투리 ㉡ 사방팔방 ㉢ 으레 ㉣ 전전반측
㉤ 사면초가

219쪽
① 운을 떼다
　예시) 그는 한참을 머뭇거리더니 조심스레 운을 떼었다.
② 우이독경
　예시) 몇 번을 말해도 변함없다니, 정말 우이독경이로구나.

③ 선행
　예시) 작은 선행이 모여 따뜻한 사회를 이룹니다.
④ 수양하다
　예시) 철수는 정신을 수양하기 위해 깊은 산속으로 들어갔다.
⑤ 타산지석
　예시) 친구의 실패를 타산지석 삼아 나는 꼭 성공하고야 말겠어!

핵심 콕! 국어 교과서 어휘

초판 1쇄 발행 2022년 2월 7일 | **2쇄 발행** 2025년 4월 1일

지은이 김혜영 | **그린이** 시미씨

펴낸이 윤상열 | **기획편집** 서영옥 최은영 | **디자인** 온마이페이퍼
마케팅 윤선미 | **경영관리** 김미홍
펴낸곳 도서출판 그린북 | **출판등록** 1995년 1월 4일(제10-1086호)
주소 서울시 마포구 방울내로11길 23 두영빌딩 3층
전화 02-323-8030~1 | **팩스** 02-323-8797 | **블로그** blog.naver.com/gbook01 | **이메일** gbook01@naver.com
ISBN 978-89-5588-402-9 74700
      978-89-5588-401-2 (세트)

ⓒ 김혜영, 시미씨 2022
이 책의 전부 또는 일부를 이용하려면 저작권자와 그린북의 서면 동의를 받아야 합니다.

어린이제품안전특별법에 의한 표시
품명 어린이 도서 **제조국** 대한민국 **사용연령** 8세 이상 **주의사항** 책 모서리에 다치지 않도록 주의하세요